Future

Future

THE NEW LONG LIFE

A Framework for Flourishing in a Changing World

長壽新人生

在人工智慧與高齡化的未來，工作與生活的嶄新指南

LYNDA GRATTON
林達・葛瑞騰

ANDREW J. SCOTT
安德魯・史考特
〔著〕

林曉欽
〔譯〕

獻給黛安和尼格爾，
我們在新長壽人生的伴侶

目錄

國內外好評迴響

二十多歲完成學業進入職場、三十歲前結婚生子、朝九晚五工作四十年、年過六十退休養老……以上人們熟悉不過的人生模式，隨著科技快速進步，壽命不斷延長，將離我們愈來愈遙遠，以致有如天方夜譚。取而代之的是完全不同的教育、工作方式、婚姻、家庭形態、退休、勞保制度等，而不變的卻是人性的基本需求。處在這樣一個大變動時代，人們該如何適應、妥協、利用，本書提出許多有用的看法和建議。

——田臨斌，作家、「老黑看世界」版主

展望未來科技的巨變，渴望進步的未知容易使我們焦慮，不只是產業的創新，我們更需要一種社會新生活革命，為長遠的人生帶來新的景致。書中許多精闢見解都與Hahow的理念不謀而合，在教育面向上，社會應致力走向去標籤化、適才適性的趨勢，年齡、體制不再是自我成長的限制，反而藉由成熟的眼界和豐富多樣的媒介，終身學習將有更多元的形式，啟發不同的人生階段，要相信個人重啟（reset）的能力，追尋夢想隨時都能發生。

——江前緯，**Hahow** 好學校共同創辦人暨執行長

這本《長壽新人生》所探討的議題不是科幻小說情節，而是大家都將迎接的新世界，因為「祝你長命百歲」這句話將會成為事實。面對長壽，我一向主張工作年紀拉長，當我們從二十五歲工作到五十五歲退休，然後活到八十五歲，工作時期與退休時期的比例就是一比一（工作三十年，退休生活也是三十年）。而當我們願意從二十五歲工作到六十五歲退休，然後活到八十五歲，工作時期與退休時期的比例就變成二比一（工作四十年，退休生活二十年），如此一來生活有重心，退休金壓力也會跟著減少。書中提到如果壽命更長，得重新分配人生，因此我也建議採取三三三的生活模式。以我來說，三分之一時間工作、三分之一時間做自己喜歡的事，包括運動、畫畫以及在學校兼課；另外三分之一時間則做公益。當一個人對退休後的財務依賴程度愈低，也就是不再需要為錢而工作時，對生活的自由度就會變大，也不需要因長壽而顯得焦慮了。

——夏韻芬，財經節目主持人

太棒了！這本書發人深省，必讀！

——戴倫・艾塞默魯（**Daron Acemoglu**），《國家為什麼會失敗》作者

這本論證嚴謹的作品，探討我們該如何重新構思目前身處的時代和社會，以使我們的生活變得更好，而不僅是活得更久。

——亞當・葛蘭特（**Adam Grant**），《給予》作者

一本富有創見，讀來令人心情激昂又鼓舞人心的作品。這本書把長壽和科技將對我們的未來造成哪些影響講到鞭辟入裡，也告訴我們該如何把握機會趁現在開始改變。

——岳琳達，倫敦商學院經濟學系兼任教授

葛瑞騰和史考特為我們展示如果個人、企業以及政府都能把握改變與創新的契機，那麼我們對未來將不再懷抱恐懼，而是充滿希望。

——達梅・米諾切・沙菲克（**Dame Minouche Shafik**），倫敦政經濟學院校長

觀點新穎又激勵人心。葛瑞騰和史考特點出當代的核心問題：人類如何在科技創新又長壽的時代中，持續繁榮富足。

——麥特．漢考克（**Matt Hancock**），前英國衛生部部長

這本書實在太棒了。我想推薦這本書給所有有志提升員工幸福感與生產力的企業家們。

——黎誠恩（**Anne Richards**），富達國際資產管理公司執行長

對希望適應順勢萬變世界的廣大工作者與企業家來說，本書無疑是一本必備工具書。

——《出版人周刊》（**Publishers Weekly**）

縱使新冠病毒大流行讓世界再次面臨經濟危機，所幸有兩位思想家為我們擘畫了一個嶄新的未來，儘管我們仍然需要解決一些問題。

——知名書評網站《書頁》（**BookPage**）

既是個人的生涯規畫指引，也是給政府官員、企業領袖以及教育家思考未來的案頭作品。一本邁向更長壽、更從容、更幸福人生的重要指南。

——《中西部書評》（**Midwest Book Review**）

【推薦序】

無齡社會的新世界與新人生

陳亮恭

曾出版《100歲的人生戰略》的兩位作者林達．葛瑞騰和安德魯．史考特，這次透過《長壽新人生》這本書，傳達他們對於未來世界的想像。他們特別側重在科技發展與長壽世界所碰撞出的火花，對人生樣貌將有什麼樣的潛在變化。更重要的是，他們試圖讓普遍將走向百歲人生的讀者修正年齡對於人生意義的思考，並在變老前先想好自己的應對策略。

由於每個成年人都會歷經成長，成長期的挑戰雖然日新月異，但總會有許多不同的經歷與體驗可以修正，可是老化卻不然。若根據近代的人口學統計資料，每經過十年，人們的平均餘命就會增加兩、三歲。人類的實際平均餘命，都比利用歷史數據推估所得的結果還要長，所以若看著眼前的生命統計來盤算自己的人生，是註定會犯錯的，因為你會比自己預想的活得更久，且人生的狀態也會與想像的更不相同。

與百年前相較，現今二十歲青年擁有在世祖母機會，比一九〇〇年時二十歲青年擁有在世母親的機會還高。此外，科技發展也是快速前行，如生醫領域創新搭配人工智慧發展；醫療與健康領域也難逃工業四．〇的影響將走向快速革新；傳統生物指標也將配搭數位生物指標而改變生態系。製造業與服務業也已有很大轉變，而這些人類世界的科學進展，都將加速推動長壽生活來臨，進而改變全球的面貌。

《山海經》中不死國的國民飲用不死泉就可以長生不老，終日坐於不老樹下納涼，但這樣的長生不老令人感覺無聊了些；秦皇漢武尋仙採藥企求長生不老或也不是貪生怕死，而是有其成就萬世功業的雄心。歷史可以作為避免重蹈覆轍的明鏡，但科技社會下的變化已無歷史軌跡可循，唯有具備前瞻性思維，人生才會更別具意義。簡單而言，每個人的人生只會經歷一次變老，但我們絕對不會以自己想像中的方式老去，所以必須在未來的人生中修正老的方式，以強化健康餘命的概念經營人生。

作者於書中強調年齡是可塑的，其實也就是「無齡」的概念。人生要擺脫年齡所賦予的框架，因為過往人生三階段的分類方式已不適用，而且退休後的財務保障已然不足以維持老後人生。

未來的世界將與今日差異甚大，我們的想法都必須有所調整，正視百歲人生議題的獨特性與重要性。無可避免地，未來世界的「老人」或將不再以年齡定義，因為年齡而可以獲取的退休年金、社會福利等，將不再那麼理所當然。但變化之中也有不變之處，那就是在年齡增長過程中保持身心功能的強化，維持健壯的狀態進入晚年。面對長壽社會中各種難以預期的變化，這將是不變的策略。

縱使聯合國與世界衛生組織曾提出明確的策略建議，科學發展也走入新局，可惜國人仍舊普遍輕忽「高齡科學」（Geroscience），或是「老化醫學」（Aging Medicine）的深厚意涵。這兩個現今國際世界的重點新學門領域，是以改變未來社會的眼光而開展，但未能理解的人僅以歷史經驗，或個人與家庭經歷去推估未來，卻忽略未來已經超越現代人腦的想像，以致未能以正確觀念去因應變局，這正是當前台灣人不健康生存時間持續延長的原因。

如果要從容面對新世界，就需要先注入新思維。《長壽新人生》書中以多項統計數據，彰顯未來長壽世界中的不可預測性。唯有突破框架的思考，才能從個人到社會都能有效解決困境。長壽社會結合創新科技的未來已在眼前，歷史經驗可以參考卻不足以因應挑戰，唯有透過創新思考，破除許多理所當然之假設，重新檢視百歲人生的一切，人

【前言】

當科技與長壽人生結合

人類的歷史，是一部迷人的集體成就傳說。數千年來，我們已經實質地提升人類的數量、生命周期以及可用的資源。拜集體努力之賜，現代的人們比以前更加富裕，也更健康。

人類的創新是進步的核心，知識的演進具體展現在新的科技與教育領域上，因此也創生新的可能性與契機。用火、農業、書寫、數學、印刷術、蒸氣引擎、電力、盤尼西林以及電腦等，都是推進與提升人類生活水準的其中幾項發明。

縱然人類的創造力驅動上述改進，但進步並非永遠如此順暢或迅速。有時候，進步是令人痛苦、曠日廢時，並且引發喧囂騷動的——對個人及社會而言都是如此。

舉例而言，大約一萬年前人類從採集糧食轉變為農業生活。就長期而言人類變得更富裕健康，但移轉至嶄新的農業技術之後，也導致長達數世紀的生活品質下降。英國的工業革命也發生相似的延遲發展，在技術革新的數十年間，生活品質根本無法改善。人類的負擔不只是經濟的，也是心理的。由於工業化，當時的人必須離開家人在異地工作生活，傳統的社區也變成快速成長的都市，這通常導致缺乏社區支援與安全感。他們也必須學習新的技能，適應嶄新的角色與身分認同，以及通常相當陌生疏遠的工作方式。對許多曾經歷此種轉變的人而言，進步的感受必定相當遙遠。

上述兩種轉變都有一個共同模式：**人類的創新締造了科技進步，但科技進步對既有的經濟與社會結構不利**。作為回應，人類必須展現不同型態的創新——**社會創新**（social ingenuity）。如果科技創新締造的新契機是以新的知識為基礎，社會的創新就要創造不同的生活方式，才能讓科技創新可同時從集體與個體的角度，改善全體人類的生活。

但重要的是，科技創新不會自動孕育出社會創新。沒有社會創新，科技創新也無法帶來純粹的益處。這就是為什麼，比起實際經歷，我們必須用回顧的角度，才能夠更為清晰地看見進步與改善的歷史模式，這也是為什麼歷史上各個兩種類型的人類創新出現缺口的時期，特色都是焦慮、轉型，以及社會實驗。

科學怪人症候群

我們正處於一個科技與社會創新的缺口日漸增大的時期。科技創新迅速獨走，社會創新卻腳步蹣跚，導致我們的社會形式——也就是構成我們生活脈絡的結構與系統——尚未跟上腳步。

在瑪麗·雪萊的小說《科學怪人》中，維克特·法蘭克斯坦博士（Dr. Victor Frankenstein）創造的科學怪人叛變，並殺害他的製造者。現代人也有一種「科學怪人症候群」（Frankenstein syndrome）的感受，害怕人類創造的科技成就不僅無法帶來進步，反而終將起義反抗人類進而導致悲劇。換言之，科技創新即將證明自身是如此強大且發展迅速，威脅人類原有的生活方式，連帶地也使人們必須承受各種風險，包括失去工作，以及生而為人的感受。

媒體的報導充斥這類標題——「全球有八百萬人將在二〇三〇年的自動化浪潮中失去工作」[1]或「超過半數美國人的工作將岌岌可危」[2]。上述的恐懼並不僅限於經濟層面，也關乎生存（existential）問題。物理學家史帝芬·霍金相信：「通用人工智慧（Artificial General Intelligence，AGI）的發展將可讓人類滅絕。」眾多公眾人物都懷有這種恐懼，包括比爾・蓋茲以及伊隆・馬斯克。雪萊的作品其實是提醒我們留意人類智慧與創新的警喻。

對於人類創新的擔憂不只限於科技發展，人類的壽命也引發深刻的不安。在二十世紀期間，藉由數個公共衛生的技術提升以及驚人的醫學發展，人類的創新已經顯著增加壽命的長度。在二十世紀初，出生在英國的女孩，預期壽命是五十二歲；到了二十世紀末，這個數字已經提升到八十一歲——二〇一〇年時，預期壽命則是八十三歲。等到二〇五〇年，中國就會有四億三千八百萬人超過六十五歲（這個數字已經超過目前的美國人口總數）；在日本，五分之一的人口將超過八十歲。但是，我們沒有慶賀這種卓越非凡成就的餘裕，而是擔心老齡社會將會導致各國破產、退休金制度瓦解、公共衛生成本提高，造成經濟系統產生不可避免的衰敗。我們害怕人類的創新，擔憂知識的演進終將對人類的生命與福祉造成侵害。

對於人類技術成就的反思與憂慮確實可以理解，但我們相信這種擔憂也會限制人類的發展。從歷史的紀錄來看，我們是否可以找到任何方法，確保人類確實能夠獲得裨益？嶄新的智慧科技與更健康的長壽生命，難道不應被視為契機，而非問題嗎？麻省理工學院的年齡實驗室（AgeLab）主任約瑟夫・高夫林（Joseph Coughling）認為：「延年益壽是人類歷史上最偉大的成就，對於這個成就，我們唯一的想法難道是這個成就將導致醫療照護系統崩解？我們為什麼不能善用機會，在人們變老之後，創造新的故事、儀式，以及神話？」[3]

關鍵的挑戰問題在於，為讓所有人可以確實獲得福祉，社會創新的廣泛流傳程度，必須比肩科技創新。這代表我們所有人都要創新，做好準備，質疑傳統常規，創造新的生活方式，培養更深刻的眼光，勇於實驗和探索；也代表我們的社會機構──無論是政府、教育，或企業組織──都要迎接社會創新的挑戰。

追求社會創新的需求，就是我們撰寫這本書的基礎動機。我們希望引發一場對話，探討身為人類的我們應達成何種成就，來回應新的科技進展與更長久的壽命，我們又該如何讓未來的數十年持續繁榮富麗。當你思考未來數年可能發生的種種一切，我們希望支持你；我們想要激發你的好奇心，思考社會創新的各種可能形式；我們希望提供你各種工具，讓你可以先行探索所有人都將體驗的轉變與騷動。

社會先鋒

想要探討人類社會即將到來的轉變，我們無可避免地需要專注在「機器人興起」以及「高齡社會」兩個現象。值得注意的是，上述兩個現象用語的非人特質（impersonal）。它們的主題是機器或「他者」。但是，想要讓上述發展能夠裨益所有人，人類的創新就必須著重在「人」（personal）。

這是因為，在延年益壽與科技發展之中，看似非人的趨勢發展，加起來的效果其實對於身而為人的意義產生重大衝擊。正如我們在本書探討的內容，如果我們結婚，這個衝擊將會是我們要如何兼顧家庭與工作，以及兩性的工作分配；還有我們學習的內容，我們學習的方式，以及我們學習的對象；我們如何思考自己的職業發展與工作，拼湊我們的工作身分認同；我們在不同生命階段該如何做出與未來攸關的選擇，以及我們如何建構自己的生命敘事。

人類生命的基礎將無可避免地持續改變。而我們面臨的真正問題則是：你想要生命的基礎改變為何種模樣？

數百萬人面對相同困境，詢問相同問題，這些困境與問題也成為孕育社會創新的基礎。過去曾經清晰明白的事物，不會是未來的良好指引。過往世代的傳統選擇，不可能也成為適合我們的選擇；過去曾是生活架構的社會結構，也可能失去作用。你必須學習理解潮流，同時保有勇氣與動機，以新的知識作為行動基礎。無論你現在是什麼年紀，只要長壽與科技將我們置身在嶄新的環境，我們就需要做好準備，以個人與集體的身分進行一場實驗。附帶一提，集體的範圍包括家庭、公司、教育單位以及政府。

所有人都要做好準備，成為一個社會先鋒（social pioneer），這就是本書想要傳遞的核心訊息。

芸芸眾生

我們藉由一群虛構人物的雙眼，觀看正在改變的環境——他們就是所謂的「芸芸眾生」（everybodies）。我們希望藉由敘述他們的故事，讓讀者反思希望未來的自己會是什麼樣子，進而自我衡量即將踏出的每一步是否合理。以下介紹接下來陸續登場的「芸芸眾生」名單。

・**弘樹與小圓**（Hiroki and Madoka）：他們是一對二十五歲的日本情侶，住在金澤市，覺得自己受到父母與社會期待的限制，正尋找適合兩人共度長久生活的新生活方式。

・**拉德西卡**（Radhika）：一位即將邁入三十歲的單身大學畢業生，住在印度孟買，勇於反抗傳統的社會常規，職業是自由工作者。她非常享受零工經濟所帶來的自由度，但知道自己眼前必須面臨眾多艱難的抉擇。

・**艾絲黛爾**（Estelle）：一位三十歲的單親媽媽，育有兩個孩子。她在英國倫敦商業區一家超市當兼職收銀員，晚上則在當地護理之家擔任護理師。她希望能找到更穩定的工作。

・**湯姆**（Tom）：一位四十歲的卡車司機，來自美國德州達拉斯，他與妻子還有成年的兒子住一起。他一直關注自動車科技的進展，也思忖自動車科技將對他的工作產生何種影響。

・**瑛**（Ying）：一位五十五歲，已經離婚的會計師，住在澳洲雪梨。她剛失業，因為會計工作已逐漸被自動化科技所取代，所以她的年紀與年資使得雇主不願再支付她薪資。為維持生計她必須繼續工作，她也認為自己還能繼續職業生涯。

・**克里夫**（Clive）：七十一歲的退休工程師，住在英國伯明罕郊外。他在六十五歲退休，與妻子和家人享受天倫之樂，家庭成員包括四名孫子。然而他擔憂退休後的財務狀況，希望能在當地社群找到新的就業機會。

我們的想法

這本書的起源，是我們過去的暢銷作品《100歲的人生戰略》（*The 100-Year Life: Living and Working in an Age of Longevity*）出版後激發的眾多對話之延續。我們發現，人們討論生命變得更長久的時候，許多問題的根源都是**科技與長壽人生的結合**：我們的工作壽命變長，但工作機會將從何而來？機器人會不會奪走我們的工作？更長久的人生對職業生涯的意義是什麼，對不同生命階段的意義又是什麼？我們相信，雖然我們已經對於「延年益壽」提出非常積極的觀點，依然必須處理人們對科技產生的恐懼和擔憂。想要避免科學怪人症候群，確實不容易。

我們希望結合一位經濟學家以及一位心理學家的觀點，提供更廣泛的視野，讓讀者更完整地探索科技和長壽生活之間的關係，以及提出確保人類繁榮的社會創新。

本書第一部：「人類面臨的問題」，我們藉由檢視近年來驚人的人工智慧（Artificial Intelligence，AI）與機器人技術的發展，探討科技和長壽生活之間的互動，思考人類生命周期與健康的發展趨勢，隨後回顧社會逐漸變得長壽的過程。我們藉由上述芸芸眾生的視野，想像科技發展引發的各種問題，以及因科技進步而創生的各種選擇。科技的成就，確實影響著我們如何建立讓人類持續繁榮的生活方式。

關鍵的問題在於，社會創新必須追求何種目標？顯然地，最核心的目標就是讓人類持續繁榮。但是，我們應該如何設計新的社會形式？又要用什麼標準判斷新的社會形式？經濟富裕必定有其重要性，所以我們必須思考如何建立足夠資源，創造良好生活的財務基礎。然而任何正面的社會改革，都應該更深入地探討「身為人類的意義」：支持發展更有凝聚力且積極正面的人類敘事；賦予人們探索、實驗以及學習的能力；建立與維持人際關係。**敘事**、**探索**以及**關係**，是本書第二部：「人類的創新」的基調，描述所有人為適應長壽新人生時所需採取的每個步驟。

正如我們在第二部的觀點，身為一位社會先鋒，你還有許多值得完成的目標。但是你面對的選擇，以及你所做的決定，其實都深植於更寬廣的合作與互動脈絡之中。上述的觀點，將幫助你更順暢地與教育機構、企業以及政府部門互動。為了讓每個人都可以達成維持良好生活這個目標，社會機構必須進行重大改變，在本書第三部：「人類社會的呼應」，我們也提出經濟與社會系統應該著手進行的改變。改變的壓力非常巨大，但努力的目標也愈來愈明確，那就是我們迫切需要個人與集體都開始採取行動。

第一部

人類面臨的問題

Human Questions

第一章

人類的進步

無論是使用輪子還是煮沸飲水，歷史上人類透過懂得使用科技讓生活更便利。對每個世代來說，「科技」一詞都是用於指涉不熟悉的新進展，而且每個時代的人都相信科技將開啟一個新的未來。[1]如今現代的我們提到「科技」，通常與電腦有關，而電腦受到四種「定律」的推進，正在見證自身的能力逐漸改變。

非凡的科技進展

一九六五年，英特爾（Intel）共同創辦人高登．摩爾（Gordon Moore）推測，每十八個月，電腦的運算能力[2]就會提高兩倍，他的論點被稱為「摩爾定律」（Moore's Law）。他的觀察非常精確，電腦能力確實急速提高，也催生了各種創新，包括自動駕駛汽車。如果電腦運算能力持續保持指數成長的速度，那麼在隨後的三年內，自動駕駛汽車的電腦運算能力將會提高四倍。

我們周遭的世界似乎正要進入被機器改變的時代，而機器的成長與改善速度著實令人驚訝。但摩爾定律是否能夠繼續發揮作用？科技層面的挑戰是在單一晶片上增加運作單位的數量，但如今晶片體積已經非常微小，快要抵達奈米科技的極限，這可能導致晶片發展趨緩。有些專家甚至預言，摩爾定律將會在未來五年內失效。

弔詭的是，即使電腦運算能力的發展可能減慢，但人們對於人工智慧以及自動化機器技術發展的信念卻加速提高。數種平行發展的科技都在善用摩爾定律所成就的收穫，而各種新科技結合所產生的衝擊，將會重新定義經濟、工作以及生活方式。

另一個重要的科技發展，就是可用於傳播資訊的頻寬大小。美國科技專家喬治·吉爾德（George Gilder）預言，網路頻寬的成長速度至少是電腦運算能力成長速度的三倍。「吉爾德定律」（Gilder's Law）也代表，如果電腦運算能力每十八個月提高兩倍，則網路頻寬每六個月就會提高兩倍。頻寬成長的結果將導致網路流量呈現爆炸性成長。據估計，在二〇一八年的網路流量是一·八皆位元組（zettabytes，一ＺＢ是十億ＴＢ）[3]——這數量實際上已經超過人類在歷史上書寫的所有文字。

隨著頻寬增加，網路連結的數量也增加了。正如乙太網路的發明人羅伯・梅特卡夫（Robert Metcalfe）的「梅特卡夫定律」（Metcalfe's Law），網路價值的提高數值是網路連結使用者的平方值。該定律的觀察表示，如果網路連結的使用者人數提高兩倍，網路的價值則會提高四倍。這個現象也解釋了臉書和 YouTube 令人驚訝的擴張——網路的範圍愈大，對新的使用者來說就更有吸引力。

最後，我們不得不提到谷歌首席經濟分析師哈爾・范里安（Val Varian）的敏銳觀察。[4]「范里安法則」（Varian's Rule）解釋了為什麼大量可取得的既有科技，可讓既有概念形成有價值的結合。舉例而言，從某個角度來說無人駕駛汽車不需要新的科技，而是結合特定的既有科技，如 GPS 導航系統、無線網路、高階感應系統、防鎖死煞車系統、自動換檔系統、抓地力和穩定性控制、主動式車距調節巡航系統、道路控制系統以及地圖軟體。[5]既有的科技愈多，能夠探索的科技組合就愈多，組合也會更有價值——結果就是更多洞燭先機的企業家，尋找將科技結合產品之後帶入市場的機會。

摩爾、吉爾德、梅特卡夫以及范里安的四個法則或定律所描述的重要科技組合，讓自動機器技術以及人工智慧獲得前所未有的加速發展。發展的結果不只是創生新產品，也出現全新的機器操作方式、新的經濟部門、新的價值轉變，並使工作機會的本質產生巨大改變。

那麼，我們的工作會不會被機器搶走？

湯姆是一位來自德州的卡車司機，他最近聽聞許多關於自動駕駛汽車的事。他對自動駕駛汽車略知一二，甚至偶爾在自己生活的地區看見自動駕駛汽車在街上行駛。在職業生涯中，湯姆早已經歷過許多重要的改變，例如導航系統，卡車的抓地力及燃料效率系統，但這次似乎與過去的改變有所不同。他知道許多頂尖科技公司都投資自動駕駛汽車，例如谷歌的母公司字母控股公司（Alphabet），以及汽車大廠如寶馬（BMW）與特斯拉，還有優步（Uber）等共乘公司。到了二〇一八年十月，字母控股公司的自動駕駛汽車威摩（Waymo，音譯）已經累積超過一千萬英里的公共道路駕駛里程。湯姆的家鄉德州也名列全美二十二個通過相關法律規定的州之一，允許自動駕駛汽車進行駕駛測試，作為全自動駕駛的先驅測驗。湯姆相信，自動駕駛汽車成為主流只是時間早晚的問題，而不是能不能實現的問題。他也閱讀過自動駕駛汽車投資人所發布的新聞稿，內容主張相較於人類駕駛，自動駕駛汽車更可靠，更不容易失誤，而且不需要煞車。由於卡車駕駛的薪資與津貼占了物流運輸公司支出的百分之四十，開發自動駕駛汽車背後的經濟動機也就非常明顯。除此之外，還有更廣泛的社會益處：在美國，每年有超過四千人喪生於與卡車有關的交通事故。

關於以上自動車科技發展的種種，都讓湯姆非常擔心自己的工作——根據估計，全美大概還有四百萬人的職業是卡車司機。特定研究推測，全自動駕駛的汽車將會導致卡車司機產業減少三分之二的工作機會[6]，湯姆對自己飯碗的擔憂確實很合理。

其他人和湯姆一樣，愈來愈明白自動機器科技對於工作產生的衝擊。「機器人；自動機器裝置」（robot）一詞首次出現在捷克作家卡雷爾．卡佩克（Karel Capek）一九二〇年的科幻舞台劇劇本《羅梭的萬能機器人》（*Rossum's Universal Robots*），其字源來自捷克語的robota——意思是被迫工作或從事單調沉悶的工作。自動機器也符合上述的起源定義，善於從事反覆的無趣工作。時至今日，全球有超過兩百萬具自動機器裝置，多數都在製造業，全球自動機器裝置密度最高的國家是南韓，每一千人就有五十具自動機器裝置。隨著企業家伊隆．馬斯克預期「外星戰艦」（alien dreadnought）工廠出現之後，自動機器裝置的密度就會更高。外星戰艦工廠是指沒有任何人力操作的生產線。馬斯克解釋道：「生產線不能使用人力，否則生產速度就會受限於人力。」[7]

機器人與自動機器科技的改善以及相關價格下降，終將導致自動機器取代人類的現象不限於製造領域。在服務業領域，你可能已經聽過或看過外觀非常像人類小孩的「派普」（Pepper），這是日本軟體銀行（Softbank）公司於二〇一四年時推出的小型機器人。派普在東京市的應用範圍相當廣泛，負責擔任銀行或各家企業的接待人員。除了歡迎客戶之外，也提供該銀行或公司的相關服務基本資訊。自動裝置減少企業的人事成本，讓銷售團隊可以用更多時間，與客戶進行更專注的對話。

自動裝置能夠用於服務領域的範疇非常廣大。日本的「怪奇飯店」（Henn-na Hotel）自稱是一家機器人飯店，首席機器人的名字是安德魯（Andrew），專長為烹飪日式什錦燒；其他機器人則負責處理客戶入住事宜，並幫忙提行李。[8] 在美國加州的一家飯店，則有一具機器人莎麗（Sally）負責做沙拉（Salad），還有擅長翻漢堡排（flip burger）的機器人小翻（Flippy），波特樂（Botlr）則是負責提供額外的毛巾與廁所衛生紙。義大利機器人製造公司馬克．沙克（Makr Shakr，取名來自雪克杯〔shaker〕的諧音）則正在研發調酒機器人。科技想要解決人類問題的決心永無止盡，甚至讓達美樂公司在二〇一六年於紐西蘭提供史上首次無人機外送披薩服務——將霹靂霹靂醬烤雞及藍莓披薩外送給住在紐西蘭旺阿帕羅亞（Whangaparaoa）的一對夫妻。

你現在可以期待自動機器為你服務——但你希望以後也是自動機器負責照顧你嗎？[9]等到二〇三〇年，你很有可能就會接受自動機器的照顧。在諸如日本等國家，由於人口老化與減少，自動機器將提供家人或朋友所無法做到的照護。你也可以期待自動機器出現在家中，處理一些基本的日常工作，如吸地、付帳單以及自動訂購食物或藥品等日常用品。

該怎麼做才能保住工作？

在歷史上大多數時期，人類的創新製造出各種工具藉此增強並取代肢體力量，如石斧、輪子，或珍妮紡織機（Spinning Jenny）。使用機器增強或取代人類的知識能力，則是更具革命性，也更難理解的概念。人工智慧的進步讓科技進入認知的競技場，但在傳統上，這個認知競技場本來只保留給人類。

智慧型機器已經出現一陣子了。一九七九年，電子試算表（VisiCalc）問世，雖然如今電腦試算表已無所不在，但電子試算表是歷史上第一個能完整運作的電腦試算表。電子試算表取代了紙本的試算表——大小為十一英寸乘以十七英寸的紙本試算表，簿記人員手動登記行列數字，這個過程非常耗時，且可能發生人為失誤。從一九七九年開始，許多事情都改變了。最關鍵之處在於，現代的智慧型機器是為了達成特定目標而進行計算，而不是依照預先設定的規則，執行特定的工作任務。

以目標作為導向的關鍵突破來自機器學習（machine learning），而不是使用代數的序列式（「若—則」），機器學習通常都是設計成類神經網路。[10] 機器學習代表電腦可以計算自己對於特定問題的理解，並適應變遷的環境。人工智慧藉此模仿人類大腦的部分功能——但速度更快。機器學習的轉型同時使用稍早提到的四種法則，促進更快速的轉變，以及處理極大量的資訊。

讀者不妨回顧二〇一七年，AlphaGo 程式打敗十八屆世界圍棋大賽冠軍李世乭（Lee Sidol）的事件。AlphaGo 由「深度思考」（DeepMind）公司開發，深度思考是谷歌在二〇一四年收購的一間英國公司。AlphaGo 一共開發三種版本：李、大師（Master），以及零（Zero）。[11] 李與大師版本，雖然程度不同，但都接受遊戲規則、過去棋局、人為指導以及專家提供的訓練。相較之下，零版本只是單純接收遊戲規則，並自行進行相當大量的棋局訓練，也因而發展出自己的下棋策略。換言之，AlphaGo 零就是自己的老師。在超過四十天的時間，AlphaGo 零進行兩千九百萬場棋局，建立了任何人類棋手都無法匹敵的資料庫。四天之內，AlphaGo 零就已經贏過 AlphaGo 李，並在三十四天內打敗

AlphaGo 大師。

令人興奮的是，AlphaGo 零發展的策略，本質上就不同於人類的下棋策略。正如程式設計師所說：「在幾天時間之內，AlphaGo 零從一張白紙開始，學習如此大量的圍棋知識以及創新策略，讓我們對於圍棋這種最古老的遊戲，產生新的認識。」

電子試算表的設計目標是迅速可靠地負責計算，而 AlphaGo 則是設計來完成一個目標：贏。AlphaGo 使用特定的判斷力與目標，創造出超越人類能力的結果。

人工智慧結合了能力與目標，同時發揮取代並增強能力的效果，這也代表無論你的職業是收銀員、卡車司機、律師或財務顧問，你的工作本質都會產生深刻改變。我們當然會承受失去工作的風險，就像電子試算表問世後，大約有四十萬人失去工作。[12]

瑛是一位住在澳洲雪梨的會計師，她親身體驗上述感受。她任職的公司投資人工智慧，導致瑛負責管理的會計部門進行大幅度的人力裁減。她原本的計畫是工作到六十五歲時退休，但她現在才五十五歲，公司已經請她在半年內另謀高就。瑛擁有會計學士學位與特許會計師執照，她認為自己的工作條件很好，但除了填寫幾張工作申請表之外，她甚至沒有獲得任何一次面試機會。在過去，只有教育程度較低的人會受到科技發展的衝擊，但如今即便是擁有專業資格的瑛，也陷入了掙扎局面。

艾絲黛爾的職業是英國倫敦一間超市的收銀員，她與瑛面對相同問題。隨著愈來愈多客戶使用自助結帳服務，艾絲黛爾服務的超市很快就會仿效亞馬遜的無人商店模式，採取無收銀員的營運策略。艾絲黛爾非常擔心，因為她從前夫身上獲得的財務補貼已經非常有限，她的前夫也因為自動化作業的緣故，失去在倉儲業的工作。為了增加收入，艾絲黛爾晚上開始在當地一間護理之家工作。朋友建議她用全職身分在護理之家工作，但要拿到護理之家的全職工作需要花兩年時間考取專業資格。艾絲黛爾已經放棄兩次的夜間課程，她不認為自己有時間或金錢可以完成進修。

瑛與艾絲黛爾的例子顯示，**當科技與長壽生活結合之後，社會必須面對廣泛的教育挑戰**。教育機構必須轉變，提供嶄新課程，支持需要面對挑戰的民眾。政府也必須增加對於教育領域的關心，才能幫助民眾進行終生學習。

人類能在哪些領域勝過機器？

如果稍早提到的四大法則繼續發揮效果，未來的科技就會讓 AlphaGo 是有限且無趣的科技，就像我們現在看待電子試算表一樣。雖然現在的機器能聰明完成特定任務，例如西洋棋、圍棋以及撲克牌，但機器依然不像人類一樣聰明。[13] 人類大腦的適應能力非常好，能構思並提出問題，形成假設，讓思緒遊走在各種問題之間，然後想像不同的未來可能性。有鑑於此，人工智慧的終極目標就是「通用人工智慧」，這種類型的人工智慧機器可以成功完成比擬人類能力的任何知識工作。通用人工智慧的突破性發展時刻，將成為「奇點」（singularity），到了這個階段後機器可以創造出比自己更聰明的機器，並導向無可避免的迅速發展循環，直到所有機器在所有層面都比人類更傑出。

思考上述的未來發展時，人工智慧以及通用人工智慧是非常重要的區分。許多極為悲觀的看法——從經濟、社會以及人類生存的角度——都感受到通用人工智慧發展的潛在威脅，也就是機器在各方面都比人類更優秀的可怕世界。但是，目前的研究成果依然相去甚遠，即使是非常基礎的測試，例如驗證碼系統（CAPTCHA）[14]使用的路標圖片標示，都能騙過人工智慧。通用人工智慧成真的時間，甚至通用人工智慧能否實現，都是一個值得爭論的問題。麻省理工學院教授馬克斯・泰格馬克（Max Tegmark）引述一群資工專家的調查報告，認為通用人工智慧實現的時間大約是幾年之間，或者永遠不可能。[15]實現通用人工智慧的平均預測時間為二〇五五年，也就是說目前低於六十歲以下的人，都可能在有生之年見證此事。但是，直到通用人工智慧降臨之前，人類都還勝過機器。

隨著人工智慧技術持續進步，人類原本可以勝過機器的技能與工作類型，也會產生不可避免的轉變。卡內基梅隆大學機器人學研究所的漢斯．摩拉維克（Hans Moravec）用「人類優勢地景」（landscape of human competence）的比喻，描述這個情景。請想像一張島嶼與海洋地形圖，等高線代表人類的優勢能力。地勢愈高的高峰區域，代表人類的優勢能力愈明確。現在，請想像地圖上的平坦海洋區域是人工智慧已經能勝任的工作。隨著時間經過，海平面上升，愈來愈多原本屬於人類優勢能力的區域，都會被人工智慧能力的浪潮淹沒。

已經遭到淹沒的人類優勢能力區域，包括試算表的數學計算、圖像認知以及下棋。水平面目前推進至人類優勢領域的海灘，包括翻譯、投資決策、語音認知以及駕駛。也許當你讀到這本書時，許多領域可能早已沉沒至水平面之下。

最早屈服於機器的人類優勢領域，是涉及常態性反覆以及可制定綱要目標的工作。地圖上更高、更難以攻克的高峰，是更具備**人性**的特質，如社會互動、關心與同情、管理與領導，以及創造與創新。面對這種局勢，為避免人工智慧的擴張浪潮吞沒更多人類優勢領域，我們每個人都要前往高處不可。即使通用人工智慧最後終於實現，地勢更高的區域就算沒能讓人類獲得絕對優勢，也可保有相對優勢。

上述的科技發展重點在於未來數十年工作與職業發展的動態地景。弘樹的父親一生都在同一間公司任職；但弘樹在二十出頭時，已經無法想像那會是自己的人生。由於新科技的力量，只擁有一種工作技能根本無法謀生。隨著科技改變了企業的發展，弘樹更是無法想像他現在任職的任何一間公司，可以維持一輩子。

非比尋常的科技發展不只改變工作機會，也影響工作方式。拉德西卡在印度孟買生活工作，她以自由工作者身分參與全球的零工經濟。世界各地的公司支付費用，請拉德西卡提供專業能力，處理特定工作。拉德西卡從未以傳統的員工身分工作，身為一位自由工作者，她主動尋找下一個委託計畫。她或許擁有自主地位與自由，但她沒有如在傳統的工作環境中任職的朋友們所擁有的發展、升遷或訓練機會。拉德西卡與弘樹都在捫心自問，在傳統工作與長期雇傭關係正在消失的世界，他們該如何設計與建構自己的職業發展生涯。

長壽人生到來

拉德西卡與弘樹目前對於科技如何衝擊工作與職業發展的憂慮，只是他們面對的部分挑戰。人類創新的另一個結果：**長壽**，對於形塑他們的未來人生而言，可能占據更重要的地位。

因為當人類的創新帶來非比尋常的科技發展時，也大幅提高人類預期壽命，許多關於生命周期和人生階段的基礎假設，都會因此產生問題。在許多國家，人類創新都讓眾多超過六十五歲的人能夠享有健康的人生，而這個現象也引發諸多更深刻的問題與疑惑，包括老化、我們對於社會高齡化的觀點，與變老的意義。

珍妮・卡爾門（Jeanne Clament）是歷史上最長壽的人，至少是正式文件記錄最長壽的人。她在一九九七年於法國辭世，年紀是一百二十二歲又一百六十四天。一九六五年，卡爾門九十歲時與律師安德—法蘭西斯・拉費瑞（André-François Raffray）簽約，拉費瑞必須每月支付卡爾門二千五百法郎，等到卡爾門過世之後，拉費瑞就能取得卡爾門擁有的公寓。拉費瑞在一九九五年過世時，卡爾門的年紀「只有」一百二十歲。拉費瑞支付的金額超過卡爾門公寓的兩倍價格。卡爾門曾說：「在人生中，有人總是做了不好的交易。」

珍妮・卡爾門是一個特例。在筆者寫作當下，目前在世最長壽的人是來自日本的田中加子（Kane Tanaka），她的年紀是一百一十六歲又三百零一天[1]。雖然這種「超級長壽人瑞」是不尋常的例子，但過去一百五十年來，「最佳實際預期壽命」（best practice life expectancy）確實持續成長。最佳實際預期壽命是指一個國家當時「國民自出生之後，最高的平均壽命數字」。目前，最佳實際預期壽命是日本女性，平均壽命為八十七歲。[16]

超過一個世紀以來，最佳實際預期壽命每十年就會呈現驚人成長，增加二到三年。[17]這個現象也代表，平均而言每個世代的壽命都會比前一個世代多出六到九年。因此，現在二十歲的美國男性，他在生活中擁有一位在世「祖母」的機率，高於一九〇〇年代二十歲美國男性的「母親」在世機率。

如果這個趨勢持續發展，今日出生於已開發國家的兒童，將有超過百分之五十的機率，擁有超過一百歲的壽命。即使成長比例減半，今日出生的兒童依然有超過百分之三十的機率，能夠享受百歲人生。上述現象的結果，就是**超過一百歲的人口已經是全世界最快速成長的人口統計學群組**。

小圓正值二十年華，是一位日本女性，也就是定義中最佳實際預期壽命的其中一位成員。英國和美國的預期壽命逐年下降[18]，但日本的預期壽命則持續上升。在二〇一〇年至二〇一六年之間，六十五歲日本女性的預期壽命每年增加八個星期；十年大約增加一·

❶ 二〇二二年一月正式邁入一百一十八歲。

五年。

小圓住在全球最好的已開發國家之一，但住在印度的拉德西卡，又能期待自己的壽命有多長？雖然拉德西卡享受百歲人生的機率不如小圓，但像印度這樣的發展中國家，只要能追上最富裕的國家，預期壽命可能也會出現急遽的增加。因此，拉德西卡的壽命可能會遠比父母的壽命更長。過去五十年來，在印度與中國，預期壽命分別增加了二十六年與二十四年，增加比例甚至比富裕國家更高，等同於每十年增加五年壽命。考慮拉德西卡的人生更長久，拉德西卡父母過去的人生選擇，幾乎無法給拉德西卡當成參考。小圓與拉德西卡都必須進行她們的父母，或祖父母從未有機會完成的使命，也就是嘗試可能的百歲生命，建構一個有意義的百歲人生，並找到可依賴的經濟基礎。

如何在更長久的人生中保持健康？

拉德西卡和小圓當然高興增加自己的預期壽命，但是她們希望用良好的身體狀態來享受增加的歲月。克里夫現在七十一歲，他比父母在七十一歲時更為強壯健康，也會擁有更長久的人生。雖然克里夫有些老朋友也保持良好的身體，但其他朋友已經非常掙扎了。克里夫正在思考如何使用自己的退休時間，抓住保持健康的最大機會。

好消息是，在大多數國家，人們獲得的額外壽命多半都是健康的人生。廣泛而言，健康人生歲月的比例，至少能夠符合增加的預期壽命[19]，在許多國家甚至有實質提升。舉例而言，從二〇〇〇年至二〇一四年間，英國的預期壽命增加三．五年，其中有二．八年是健康的人生（資料來源是受訪者的自我研究報告）。展望未來，另外一份英國研究報告估計，到了二〇三五年在六十五歲至七十四歲的人口之中，將有超過百分之八十的人可以享受沒有慢性疾病的生活（現在的比例則是百分之六十九）。[20]在七十五歲至八十四歲的人口之中，也有超過半數（百分之五十八）能夠期待同樣的健康人生（現在的比例則是百分之五十）。我們老化以後的健康狀況改善，代表增加的預期壽命並非強制被插入至人生的終點之前，也不是單純延長虛弱的生命。更準確地說，**增加的預期壽命就像中年晚期以及老年初期的延長**。

真正的挑戰在於，隨著人的壽命愈長，愈容易受到非傳染疾病的折磨，例如阿茲海默症、癌症、呼吸道問題以及糖尿病。人們也更有可能同時罹患多種上述疾病，導致共病（co-morbidities）提高。但是，分辨兩種不同的疾病影響非常重要。如果我們比較一名五十歲的人以及一名八十歲的人，年長者確實更容易承受非傳染疾病以及共病症的影響；但隨著時間經過，由於人類老化的情況更好，今日的八十歲人，比起二十年前的八十歲人更不容易產生健康不良的問題。

小圓與拉德西卡是否應該制定比克里夫，以及她們的父母更為長久的人生計畫？在關於技術創新以及摩爾定律可能持續發揮影響力的討論之中，確實有人主張我們不應該預期過去的趨勢延續至未來。研究長壽生活的領域也發生相同的爭論。有些專家相信人類的預期壽命已經達到極限，或許將會因此減少，因為糖尿病、肥胖症以及人體對抗生素產生抗藥性，將導致嚴重的不良影響。其他學者則指出，縱然演化確實協助人類排除許多異常基因，但演化從來不能影響老年人，因為演化的效果只能發生在人類繁衍的後代。他們的論點確實重要，因為如果最佳實際預期壽命以符合歷史的速度增加，我們也需要改善老年人的生存機率。

然而，即使是在上述悲觀的假設之下，今日出生的許多孩童，依然能夠合理地預期活到九十歲。[21]他們的收入與教育程度愈高、生活方式愈健康，可能的生命周期就會愈好。

雖然有些人相信人類的預期生命已經產生高原效應，但依然還有另外一些人主張人類預期壽命將繼續增加。未來學家傾向於過度樂觀評估科技發展的速度，但政府部門的統計學家過去總是低估人類預期壽命的增加，這兩者的差異非常有趣。讀者可以參考下頁圖1-1，內容是英國國家統計局（Office for National Statistics，ONS）從一九七五年開

圖 1-1 **預期壽命預測與實際結果**

資料來源：英國國家統計局

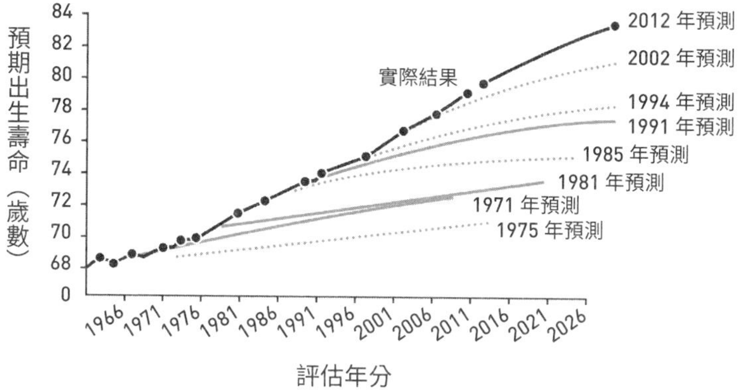

始對於未來男性預期壽命的預測，並比較預期壽命的實際發展結果趨勢。

對於未來預期壽命發展抱持樂觀態度的科學家人數逐漸增加。[22]這種樂觀態度起源於觀點的轉變，科學家將許多疾病視為老化本身就有的現象，而這種觀點轉變也改變了研究策略，並想要理解人類變老的原因。[23]於是，科學家開始形成一股期望，或許我們最後可以延緩老化的過程，甚至暫時逆轉老化。如果這個研究計畫成功，就可以在未來數年之內加速預期壽命的成長。有些最樂觀的研究者甚至相信，我們可以達成**長壽逃逸速度**（longevity escape velocity）：**人類每年增加的預期壽命超過一年**。如果我們確實達成長壽逃逸速度境界，代表人類就會進入永生不死的領域。五百年，或者一千年的預期壽命聽起來或許驚人，但這個研究計畫最有可能即刻產生的成果，就是藉由降低慢性疾病與非傳染疾病的機率，改善人類的**健康壽命**（health span）。這種期待也讓我們看見超乎平凡的可能性，我們或許可以在生命的最終時刻之前，都保持健康。

上述研究的基礎原則在於，人類老化的方式其實並非固定不變，是可調整的。從歷史上的角度而言，骨質疏鬆以及阿茲海默症曾被視為老化過程的正常現象，現在已經被世界衛生組織認定為疾病。老化本身會不會也有同樣發展？倘若真是如此，這將是歷史上最傑出的人類創新之一。我們已經可以看見一些非常突出的結果：已有研究計畫成功讓線蟲的生命增加十倍[24]，也提高老鼠與狗的壽命。也因此一個重要的問題在於，我們是否可將上述結果也如法炮製在人類身上。

雖然我們已經取得進展，但達成長壽逃逸速度的跡象依然遙遠。想要進行實際的人體治療試驗還有許多挑戰，特別是我們只能在人生的終點得知延年益壽是否成功。無論如何，由於這個領域吸引更多人的注意，研究成果也日漸增加，似乎可以合理預期我們可發展治療試驗方法，持續增加人類的健康壽命與可能的預期壽命。如果想要保持過去五十年來的最佳實際預期壽命成長速度，就必須完成上述的科學突破。

長壽對家庭和社群有何影響？

住在日本的小圓以及住在印度的拉德西卡，她們的預期壽命將比父母更長，而比起祖父母又更為長久。由於同樣現象也會發生在其他數百萬人身上，累積的加總效果，將會對人類的人口結構、生活選擇以及人類生活的社會產生深刻影響。

在拉德西卡出生的印度村莊，一個家庭平均的孩童人數是六人（拉德西卡有四個兄弟和一個姊妹）。在這個鄉村社群，孩童是資產——孩童的勞力，以及他們撫養年邁家長的能力都被視為資產。拉德西卡的年紀是二十下旬，對於孩子也產生了完全不同的看法。正如其他年輕印度女性，拉德西卡的教育程度比母親的世代更好，也正在追求職業生涯的發展。考慮到扶養家庭的成本，拉德西卡認為小孩是一項經濟負擔。

由於其他人的選擇與拉德西卡相同，因此全球生育力正在下降。教育程度深刻影響了女性的選擇。人口統計學家提出一個經驗法則：沒有接受正規教育的女性，平均子女人數超過六人；如果完成初等教育（國民小學），她可能產下四名子女；完成中學教育，她的子女可能不會超過兩名。隨著全球愈來愈多女性能夠接受教育，聯合國預測在二十一世紀結束時，全球家庭的平均子女人數將是兩人（目前則是二．五人）。

因此，拉德西卡和小圓都可能會迎接與父母不同的人生發展——她們的人生將比父母更長久，子女也會比父母更少。拉德西卡與小圓懷疑家庭的角色與責任，以及渴望建立自己的職業生涯與工作認同，而基礎就是上述的不同人生發展。

這種人口發展趨勢正在對於全球總人口產生深刻影響，未來也將是如此。正如牛津大學人口統計學家莎拉．哈波（Sarah Harper）所言[25]，國家發展經濟之後，也會出現「人口轉型」（demographic transition）——**生育率和死亡率同時下降**。社會將因此從每年迎接許多新生兒以及許多人死亡的時期，移轉至平均每個家庭新生兒人數下降以及更多人進入老年生活的時期。

人口轉型的結果，造成比起年紀較輕的人口族群，年紀較長的人口族群呈現相對快速的成長，所以社會的平均年齡增加。我們可以看出全世界都有這種趨勢：一九五〇年，社會平均年齡是二十四歲；二〇一七年，社會平均年齡則是三十歲；到了二〇五〇年，社會平均年齡的預測將是三十六歲。

人口轉型的步調直接反映了一國的經濟成長速度和範圍。收入愈高代表生活營養愈好，教育與健康照護的水準更好，以及更高的工資，這都能造成生育率降低以及更長久的壽命。小圓的父母住在日本，曾經親身體驗日本在第二次世界大戰結束之後，從一九五五年至一九七二年之間的經濟大繁榮，當時日本每年的經濟成長率是百分之九。這個現象也導致急速的人口轉型，生育率下降和壽命增加。其他國家例如中國，近年來開始發生急速的經濟成長之後，同樣出現相似的激烈人口轉型現象。一九五〇年時，中國的平均年齡是二十四歲——符合全球平均年齡數字，但是當中國的國內生產毛額急速上升之後，到了二〇一七年中國的平均年齡已經增加至三十七歲（相較於全球平均年齡為三十歲），並且可能在二〇五〇年時達到四十八歲（相較於二〇五〇年的全球平均年齡預測三十六歲，中國的平均年齡預測整整多出十餘年）。[26]

隨著人口轉型，超過六十五歲的人口比例也增加了。克里夫出生在一九四八年——在英國，與克里夫同樣年齡層的人口，已經有百分之八十的人活著慶祝自己的七十歲生日。在此之前，從來沒有如此多人可以享受長壽人生。在克里夫父母的年齡層中，壽命超過七十歲的比例低於半數。事實上英國政府預測，克里夫的孫子世代幾乎可以全數（超過百分之九十）活到七十歲以上。

全球各地都能感受這種影響。正如下頁圖1-2所示，現在是人類歷史上第一次，**超過六十五歲的人口數量，比低於五歲的人口數量更多**。從現在開始直到二〇五〇年，全球所有國家六十五歲以上的人口數都會比較多。目

圖 1-2 **1950 年至 2050 年，幼童與年長者在全球人口的比例**

資料來源：美國民調局，《老化世界》（An Aging World），2015 年

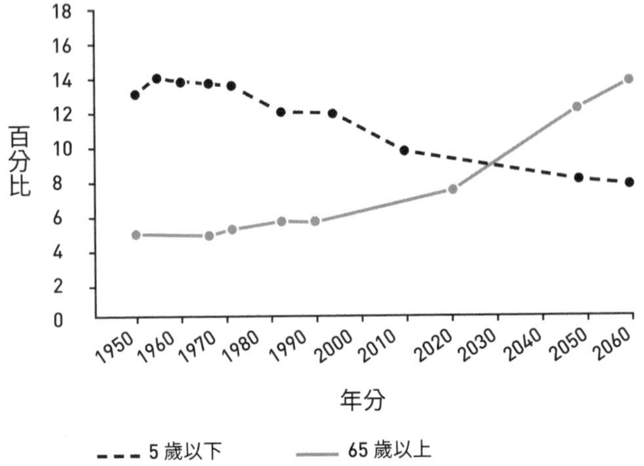

前六十五歲以上的人口數比例是十二分之一；到了二〇五〇年則是六分之一，而且這不是富裕國家才有的現象。發展中國家的六十五歲人口數量是已開發國家的兩倍，在二〇三〇年將是三倍，到了二〇五〇年則是四倍。正如我們在前言所說，根據估計數字，到了二〇五〇年時，中國將有超過四億三千八百萬人超過六十五歲，這個人口數比美國的總人口數還高。

增加人口總數的不只是超過六十五歲的人，超過八十歲的人口也很有可能急速上升。目前全球超過八十歲的人口總數是一億二千六百萬人；到了二〇五〇年，估計數字則是四億四千七百萬人。日本的增加幅度最大，超過八十歲的人口比例將從

現在的百分之八，於二〇五〇年提高至百分之十八。

人口改變不只對人口結構產生影響，對人口規模也有影響。人口成長、持平或者減少，其實取決於該國的人口轉型階段。許多非洲國家目前處於人口轉型的早期階段，死亡率下降的速度比出生率更快，所以人口正在增加。以奈及利亞為例，一九五〇年時，奈及利亞的人口總數為三千八百萬；到了二〇一七年，人口總數已經成長至一億八千六百萬，其中半數人口低於五十歲，只有百分之三的人口高於六十五歲。

隨著各國開始經歷人口轉型之後出生率下降至與死亡率相同的階段，人口成長就會趨緩。在特定國家中，生育率比死亡率更低，於是死亡數多過出生數，人口總數也開始下降。在一九五〇年，沒有任何一個國家處於這個階段——從現在至二〇五〇年之間，估計將有超過五十個國家即將發生人口衰退。

在日本和中國，由於生育率下降的情況非常顯著，人口總數可能已經大幅下降，或者即將下降。小圓早就知道這個現象，她一直都在媒體刊物讀到關於日本人口縮減的訊息——二〇〇四年的高峰值是一億兩千八百萬人，二〇五〇年的估計數字是一億九百萬人，到了二一〇〇年則是八千四百五十萬人。瑛與住在中國的親人聊天時，她的親人也知道這個現象。現在中國的人口數是十三億六千萬，預計到了二〇五〇年時，中國的人口數將是十億。

如何工作更久，又能保持生產力？

小圓非常擔心人口的變化趨勢對於經濟的影響。假設其他條件不變，總人口數減少百分之一，代表國內生產毛額也要減少百分之一。因此，如果日本的總人口數在二〇六五年時減少至八千八百萬，國內生產毛額的現值將減少百分之三十。這個現象代表在未來的五十年，日本的國內生產毛額每年將會減少百分之六。這已經成為世界各地的主要議題，各國政府都在思考，**面對人口高齡化且逐漸減少的現象，應該做什麼才能維持經濟成長？**

政府與民眾努力思考更長壽的人生有何意義時，有三個領域極度需要社會創新：**退休金的財務基礎**；**健康照護的提供**；以及**讓各個世代能夠平等共處**。

從字面上看來，建立高齡社會的財務基礎似乎是很可怕的目標。如果大多數的人口都在六十五歲或更早之前退休，隨著六十五歲以上的人口比例增加，我們也可以預期經濟成長趨緩。預測認為，歐盟未來四十年的工作年齡人口（或者用更準確的說法，低於六十五歲以下的人口）將下降百分之二十。工作人口數量減少，代表每年國內生產毛額

（按照人均計算基礎）減少百分之〇．五（也就是將百分之二十除以四十年）。由於過去十年的人均成長率只有百分之〇．七，上述的發展趨勢確實會讓各國政府擔憂。

對於經濟成長趨緩的恐懼，加上超過六十五歲以上的人口確實增加，政府以及個人在規畫退休金計畫時，將會造成相當可觀的壓力。所以社會創新非常關鍵——民眾應該工作到何時、對於老化的想法，以及企業不應再對六十歲以上人口的工作能力與動機抱持根深柢固的成見。

請各位讀者思考一個過去非常重要的社會創新——**國家退休金**。一八八九年，俾斯麥的德國採用國家退休金制度，許多國家也開始效法（如一九〇八年的英國，以及一九三五年的美國）。使用國家退休金制度代表民眾可避免在生命晚年依然工作，也不需要活在極端貧窮狀態，或依賴（通常非常怨懟的）子女支持。國家退休金制度帶來重大改變，在現代英國，相較於工作年齡的人口，在已經退休的人口之中貧困的比例更低。[27]

英國首次採用國家退休金制度時，可以領取退休金的年齡是七十歲，當時對於一八三八年出生的人而言，預期壽命中位數是四十五歲（在一九〇八年時，一八三八年出生的人將是七十歲）。這種規定的結果，導致只有一小部分的人因壽命夠長，所以能夠領取國家退休金。但其實可以領取退休金的人不多，因為即使有資格領取退休金，也無法再活多久。所以對於政府而言，在財務上支持退休金制度其實相對容易。

自從那個時代開始，許多因素都改變了。以克里夫為例，與他同年齡層的人已經符合國家退休金的年齡門檻（從過去的七十歲，降低至六十五歲），他們往後可以期待的人生，也比過去的世代更久。這個現象對於政府財務的影響非常明顯：在一九七〇年時，經濟發展暨合作組織（OECD）會員國的整體退休金大約是國內生產毛額的百分之四，到了二〇一七年則是百分之八，估計在二〇五〇年時則會提高至將近百分之十。各國政府想要提高領取退休金的年齡以及降低退休金的補助金額，也是毫不令人意外的舉動。

湯姆現在四十多歲，已經開始擔心自己的存款及退休計畫。他是美國全國卡車司機工會（Teamsters Union）成員，工會的退休基金也承受巨大壓力，因為退休成員的數量上升、股市在金融危機時下跌，以及數家卡車公司破產，結果導致退休金福利被刪減將近百分之二十九。湯姆也開始明白，為了在財務上可以負擔自己想要的退休生活方式，他的工作歲月必須比原本預期的更長久。在《100歲的人生戰略》一書中，我們曾經替和湯姆一樣年紀的人計算，他可能必須工作至七十出頭的年紀，才能建構一筆充裕的退休金；對於現在二十多歲的小圓，她的工作時間甚至可能延伸至八十多歲。

這個結果代表四十多歲的湯姆，以及五十五歲左右的瑛，各自還要面對三十年以及二十年的工作時間，也迫使他們必須認真思考自己如何成為社會先鋒，並且對政府、教育者以及企業公司施加壓力，要求他們的應對與實踐必須更有創新力。這個議題相當關鍵，因為現在許多政府與企業政策，根本無法支持更長久的職業生涯，反而阻礙人們保持更長久的生產力。

克里夫回首過去，想起祖母，以前總是覺得祖母七十歲時已經「老了」。然而如果克里夫思考自己的七十歲，卻不會有同樣感覺。愈來愈多人可以健康地邁入八十歲以及九十歲，所以**將六十五歲定義為「老」的傳統也顯得過於籠統**。克里夫內心抗拒年齡刻板印象的歧視，思考自己能在這個年紀做些什麼，以及他應該從事的目標。如果政府和企業認為超過六十五歲的人「老」「只能依賴他人」，而且「沒有生產力」，將會無可避免地引發經濟和社會問題。

因此，著重於協助民眾在邁入七十歲與八十歲之後，還保有工作能力的中年職業發展規畫以及重新塑造企業營運方針的社會創新，將占據非常重要的地位。

如何打造樂活變老的健康系統？

退休金議題愈發引人重視，對健康成本的焦慮也與日俱增。看下頁圖1-3就能明確理

圖1-3 2011年，人均健康支出占人均國內生產毛額的比例，以年齡層分類

資料來源：經濟合作暨發展組織，《健康統計報告》

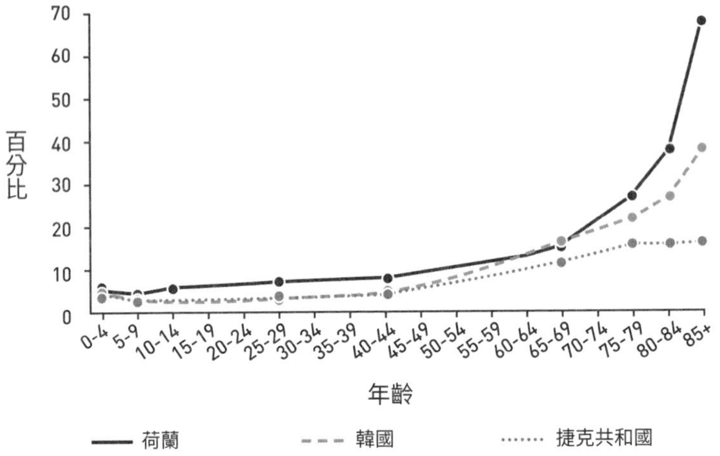

解，也可以證明為什麼我們急迫需要社會創新。經濟合作暨發展組織會員國的數據，揭露了健康照護成本隨年齡增加的程度。圖1-3顯示，從六十歲晚期開始的年齡族群，健康照護成本就會呈現急遽增加趨勢。事實上在某些國家如荷蘭，超過八十歲者的健康照護成本已經高達平均收入的三分之二。隨著人口逐漸老化，假設公民的健康情況或者提供健康照護的方式並未改變，就必須投入更多社會資源，才能提供長者的健康照護。

隨著人口老化，社會的疾病負擔也從感染疾病移轉至老年疾病。這種轉變有重要的健康成本意義，因為傳

染病造成的死亡縱然非常迅速，但非傳染病更容易造成更長久的過程與更昂貴的負擔。以阿茲海默症為例，目前沒有治療藥物或者有效的治療方式，且醫療成本非常高昂。美國阿茲海默症協會估計，二〇一〇年時每一位阿茲海默症患者的醫療費用大約是二十八萬七千美元，心臟病的醫療費用是十七萬五千美元，癌症則是十七萬三千美元。

從傳染病移轉至非傳染病，對醫療成本有非常重大的意義——對健康照護策略也是。因為愈來愈多證據顯示，生活方式對非傳染病有非常深刻的影響。因此社會創新的挑戰在於，找到方法協助民眾可以維持心理和生理的活力。對政府而言，代表必須做出關鍵的轉向，追求預防性的健康照護；對個人而言，則是必須思考一個深刻的問題，即我們如何盡可能保持健康快樂的生活，也健康快樂地變老。

如何打造有益的跨世代關係？

弘樹剛開始享受二十年華，他的父母健在，四位祖父母也還在人世。弘樹的家人聚會時，他與表親都覺得自己很年輕，而且寡不敵眾。相較於更年長的世代，弘樹的手足更少，表親更少，於是家族聚會的主角較少是年輕世代。弘樹與小圓都很清楚，雖然他們的子女人數會比父母的子女人數更少，但他們卻背負更多對於年長長輩的實質義務。

弘樹與小圓感受到的家庭義務，也反映在跨世代衝突的社會層面議題。全球各地的政府為了配合更長壽的社會到來，紛紛改變施政方針：延後退休日期、減少退休金以及增加稅金。但是從跨世代的觀點而言，真正的憂慮在於，年輕世代雖支付更高額稅金以支持老年人的退休金，但他們本身的退休金就會減少。一份英國研究報告估計，未來的世代一生損失將近十萬英鎊，可能是享受更少的福利，或支付更高額的稅金。[28]這些情況發生的同時，相較於他們父母的時代，年輕世代的經濟成長速度更為緩慢。

關於跨世代平等的議題，不只限於公共財務基礎。年輕世代也將不可避免地體驗更多轉型，而且必須工作得更久。他們可能也會發現，大學學歷已不足以從事專業工作。在某些領域，即使碩士學歷帶來的優越薪資也會不復存在。

由於科技發展和長壽人生將改變我們的生活與工作，所以社會創新也變得極度重要，除了必須兌現當初對年長世代的承諾，同時也必須向年輕世代提供進步機會。我們也要確定年輕世代與年長世代，都可以平等地分享更長久的人生所帶來的契機以及負擔。

用符合人性的方式解決人類的問題

人類創新已經締造出卓越非凡的新科技，並實質增加健康的預期壽命。但是我們都非常清楚，眼前的問題必須藉由**社會創新**解決。

因為，縱然科技創新確實有潛力改善人類的生活，但想要釋放潛力，必須有根深柢固的改變——改變人生階段的規畫；改變教育、企業以及政府機構對於人們生活環境的看法與想法。

我們提出的問題其實不是科幻小說般的天馬行空幻想，而是關乎大家切身生活的世界，是你我與你我的孩子將在未來數十年生活的世界。這些問題也不是關於人類未來的形上學關懷——更準確地說，這些問題都在處理非常務實的議題，關係我們每個人應該如何掌握自己的人生。

這些都是非常重要的議題。如果想要讓人類社會持續繁榮，我們必須使人類非凡的創新能力著重在定義新的生命歷程，以及重新想像適合未來的社會規範、活動以及制度。

第二章

如何讓人類社會持續繁榮

我們如何善用傑出非凡的人類創新，創造嶄新的長壽人生？

人類最獨特的能力，就是想像可能的未來，找到答案，以解決複雜且艱難的問題。更智慧的機器裝置，以及更多年的健康生活就在眼前，我們現在有絕佳機會，可以發揮獨特的人類能力，完整想像並展現人類最完整的潛能。

回到我們在前一章提出的各種問題，可以確定的是，許多過去的決策與行動之假設已愈來愈不合時宜，甚至是錯誤的。瑛曾經認為自己將在原本的職位工作至退休，在財務上非常安全；湯姆也假設，卡車司機的工作生涯可以長久維持，讓他領取優渥的全國卡車司機工會退休金；弘樹和小圓的父母原本也相信，孩子希望得到他們指引的生活；克里夫則覺得他可以快樂地享受奢華的退休人生。

然而，在失去錨定的方向之後，我們陷入了漂泊無錨的感受。我們進入一種奇特狀態，過去的歷史很確實，未來的發展卻曖昧模糊。你可能也曾親身感受這種漂泊無錨的感覺——也許是因為移民至其他國家、重要的職業生涯轉變、家庭環境發生變化，甚至是離婚。在這段轉變的期間，你的身分認同已經不是過去的模樣，也不明白未來將如何發展。你可能還不習慣新的國家、新的工作，或者新的婚姻狀態。

人類學家將這種模稜兩可的狀態稱為「閾態」（liminality）。阿諾德·范·傑納（Arnold van Gennep）研究人類的生命儀禮時發現，關於過去的確定性開始消逝時，人類就會覺得自己失去根基。[1] 如果你開始感受到這種頓失根基的狀態，你並不孤單，因為世界各地的家庭、社群、工作場域以及所有人，都因為科技和長壽生活帶來的改變，產生相同感受。

進行改變和試驗導致的焦慮永遠都會在，所以這個時候社會創新應該發揮功能。對於我們而言，代表每個人都要向前看、培養視野、面對真相，無懼觀察現況以及未來。換言之，我們應該成為社會先鋒。

在現實生活，這確實是艱難的任務，因為當我們向前看，想要培養視野，我們根本無法確定未來的發展。因此如要對抗不確定，求知好奇心比過往更為重要。哈佛大學商學院的法蘭西絲卡．吉諾（Francesca Gino）提出的相關心理研究也有明確的結果。她在研究中發現，在人們面對不確定性以及外部壓力時，求知好奇（curiosity）的角色非常重要，能協助人們更快速應對。能夠保持求知好奇的人，更容易提出有創意的解決方法，更重要的是，他們比較不會成為刻板印象以及錯誤假設的受害者。

湯姆確實具備社會先鋒的某些好奇心特質。湯姆能跟上自動駕駛汽車的發展，他保持閱讀習慣，也仔細觀察工會提供的資訊。湯姆還會與同行朋友交談，理解他們的感受。回首過去，瑛希望自己也能保持相同程度的好奇求知，但她現在只能在幾乎毫無準備的情況下，接受自己失去工作。

保持好奇求知縱然重要，但成為社會先鋒的條件不只如此，還要保持前瞻思考與想像。採取行動的決心和勇氣也一樣重要。面對嶄新的科技與長壽人生，我們現在的工作方式、職業發展、教育以及人際關係結構，都會逐漸無法維持，代表我們必須開始採取不同的行為模式。對有些人而言，改變行動代表跟上社會創新者的腳步，對其他人而言，則是成為勇敢的開拓者——不再依賴過去的社會習俗，以及原本提供指引和支持的既有機構。

所有年齡層都已經開始從事社會先鋒的行動。藉由創造新的人際關係網路以及結交朋友，他們拓展自己的視野；他們在家嘗試新的角色和責任；他們擬定計畫，建造新的生活與工作方式。上述的使命不容易，有時維持現狀更輕鬆。瑛現在終於明白，過去她太努力維持職業發展的現況，所以無法預期或準備迎接重大的轉變。

重新設計人生

如果關鍵的挑戰等同於重新規畫我們的生活方式，重新設計的基礎原則應該是什麼？

顯然地，經濟考量一定是所有重新設計方向的核心——基礎原則就是**確保良好的生活**。經濟的恐懼強化了我們的擔憂，認為自動機器將會消滅人類所有工作機會，害怕老年人口逐漸增加，導致社會無法負擔長久的退休生活。因此，長壽人生與科技發展的關鍵應對，必須是確保良好的生活水準。

過往的歷史讓我們可以保持樂觀。雖然過去的科技變化有贏家與輸家，但長遠看來，科技確實帶來生活標準的可觀進展。在人類歷史的大多數時期，以一九九〇年的物價而言，世界公民的平均生活基礎大約是年收入九十美元至一百五十美元。然而從十八世紀開始，人類的生活水準開始提高，一八〇〇年的生活標準價格是二百美元；一九〇〇年是七百美元；到了二〇〇〇年則是超過六千五百美元。[2]我們有充分的理由相信，在目前的發展浪潮之下，依然會繼續保持相同的提高趨勢。

我們工作的時間也減少了：在一八七〇年，法國人的每周工作時間是六十六個小時[3]，現在則是三十六個小時。自從啟用退休年齡制度之後，人們現在也會在生命的晚期享受額外的休閒時光。展望未來，嶄新的智慧型科技也有潛力更進一步地幫助人類減少工作時間，創造每周工作四天的遠景。

上述的創新只是反應平均的情況，但如果人類希望追求繁榮，**每個人都必須從科技發展和長壽人生獲益**。關於不平等的擔憂，正如普林斯頓大學歷史學家華特．沙德爾（Walter Scheidel）所說，重點是**社會風險**。沙德爾認為，在人類歷史中，只有戰爭、革命以及大型災難曾經減少社會不平等惡化。[4]

這是一個嚴重的問題，不只是因為在近來的數十年間，各國的收入和預期壽命都持續發生不平等現象，未來的趨勢也顯示，不平等的情況將會持續保持。在全美總人口中收入最高的階級以及最底層百分之一的階級之間，男性的預期壽命差距為十五歲，女性則是十歲[5]，這些現象成為政治議題，其實也不令人意外。

正如每個人都需要重新建構自己的生命路徑，政府機構與政策也必須改變，提供社會保險與支持，照顧資源較少以及承受經濟困境的人民。瑛有足夠的經濟資源可以面對生命的轉變，但是艾絲黛爾的情況非常掙扎。我們必須制定廣泛的政策，確保每個人都能夠從長久且持續的轉變中受益。

人類的繁榮

人類不想要自己的資源更少，也傾向於做更少工作；寧願擁有經濟安全而不是不安，這是不可能反駁的原則。我們面對科技發展和長壽人生的核心議題，便是必須達成經濟繁榮。但是，人類議題的真實核心，則是大家都必須具備更遠大的雄心壯志。

請讀者用這個方式思考：如果人類只是成為超級智慧機器人的寵物，就可擁有充沛的資源、休閒時間以及安全，但這不會是人類渴望的生活。我們展望未來，懷抱希望、雄心壯志以及夢想；我們擁有實現目標的能力；我們追求的不只是繁榮，還有獲得歸屬感與自尊——也就是有意義的身分認同。

因此，社會創新的原則是必須同時保障良好的生活基準，以及我們能夠以人類的身分持續繁榮。我們都非常明白達到良好生活的標準，但是能使人類持續繁榮的標準又是什麼？

我們主要關心三個核心重點，每一點都深刻反應人性的特質，也提供有用的方法，解決我們提出的問題。

敘事：理解一段生命故事，創造敘事，賦予生命的意義，協助我們理解自己面對的選擇。

我以後想從事什麼工作？我需要哪些技能？我的職業發展生涯看起來如何？什麼是「變老」的意義？

探索：學習並且改變，讓我們可以成功創造生命的轉型。

我如何探索更為漫長的未來所提供的新職業選擇？我要如何學習新的職業選擇所需要的技能？我如何嘗試各種改變，在人生的新階段，體驗更多轉變？

關係：深刻連結、建立，並且維持有意義的關係。

我應該如何面對家庭結構的改變？孩子更少、長者更多的世界看起來是什麼模樣？我和其他人如何達成跨世代的和諧共處？

敘事：理解我的生命故事

還是孩子的時候，我們都覺得故事很有說服力——故事協助我們想像並且理解世界，提供歸屬感。長大之後，故事的敘事也開始更為重視身分認同。身分認同是指我們在這個時刻究竟是誰——過去是什麼，現在是什麼，未來又會是什麼。回首過去，我們知道自己過去的身分認同；展望未來，正如史丹佛大學社會心理學家哈澤爾．馬庫斯（Hazel Markus）以及寶拉．努努斯（Paula Nunus）所說，我們眼前出現了許多「可能的自我」。[6]

傳統的敘述結構是三階段的生命故事，形式非常單純：**教育**、**工作以及退休**。由於每個人都與彼此同步，也會一起進行轉型，因此同儕壓力是重要的方向動力。

生命敘事的眾多架構以及方向動力的本質都在改變。長壽人生代表**生命的平均周期變得更長**了，科技的急速發展創造**更為頻繁的改變**。人生周期變長，轉變周期變短，必定創造新的生命敘事——而且是**多重階段**，不再是三階段的人生故事。我們方才提出的各種問題，答案也會因此產生深刻的變化：什麼是工作？我們如何工作？我們又要如何適應職業發展？變老的意義是什麼？

拉德西卡展望未來，感到一種強烈的需求，她必須創造一種獨特的生命敘事，能夠不同於自己的父母。她希望自己想像身分認同與人生故事時，能更有創造力。她的眼前還有漫長的人生，知道自己必須更仔細思考每個選擇，更明白自己在當下與未來之間，以及時間與金錢之間的抉擇。

探索：學習和轉變

人類的歷史是一部探索的傳說。人類總渴望探索未知，我們的探索渴望比地理學更深入，也孕育了學習世界種種一切的基礎好奇求知心。

神經科學家傑克．潘克希普（Jaak Panksepp）[7]等人發現人類大腦有一塊區域，稱為「探索系統」（seeking system）。在神經實驗中，如果受試者接受嶄新的資訊或解謎任務時，「探索系統」就會啟動，彷彿「點亮」了這個系統。這些科學家也找到明確證據顯示這種神經刺激可提供高度動力，正如倫敦商學院的丹尼爾．凱伯（Daniel Cable）所說，人類在探索中獲得快樂。[8]

我們似乎天生就要學習和轉變。在未來的數十年，許多迷人的問題將會出現，等待身為社會先鋒的我們細心處理。轉型的頻率增加，也要求我們必須探索與學習，發展新的技能，並且愈來愈習慣嘗試新的行為方式。

面對失去工作的困境，瑛正在重新建構自己的人生。她的人生將迎來一場轉變，她必須嘗試新的事物，學習新的技能。她必須發揮求知好奇心，並鼓起勇氣探索「可能的自我」以及各式各樣的選擇安排。環顧四周，她發現幾乎沒有人走上像她一樣的人生道路——到了人生的中年，瑛正在成為一位社會先鋒。

關係：建立深刻的連結

哈佛醫學博士喬治．華倫特（George Vaillant）主導哈佛大學的一項追蹤研究[9]，目標是探索人們如何達成人生的幸福與滿足，而其中一個面向表現得非常突出：深刻、豐富與長久的友誼，對人生有著最顯著與深層的正面影響。

我們與其他人的關係，可創造歸屬感及幸福感。我們愛人，被其他人愛著，就會覺得自己被珍惜，感到快樂，倍受呵護，也被人理解。如果我們無法建立關係，就會感覺被排斥，對於他人的信任也會消失，也讓我們覺得寂寞、孤立與焦慮。

弘樹和小圓都在思考他們如何發展彼此之間的關係，讓兩個人都能擁有良好的職業生涯、工作彈性，並且建立一個家庭，他們希望平均分享財務和家庭責任。克里夫則是試著擴大交友圈，他開始明白結交更為年輕的朋友非常重要，他知道自己可以向年輕朋友學習甚多，也希望自己可以提供指引。

更深刻的人際關係可創造溝通與付出，更廣闊的人際關係則需要時間發展。但是我們都很清楚，在二十世紀出現的三階段人生發展，包括教育、工作以及退休，已經無法支持新的人際關係。在目前發展的趨勢，六十年的職業生涯已經無法協助我們建立良好的終生友誼，也不能讓父母與孩子享受美好的天倫時光。**面對長壽人生，如果繼續維持三階段的人生敘事，我們終究無法滿足最重要的人性需求**。

揭露人工智慧足以改變人類生命的其中一個重大事件發生在一九九七年，ＩＢＭ的「深藍」電腦（Deep Blue）打敗世界西洋棋冠軍加里．卡斯帕洛夫（Garry Kasparov）。卡斯帕洛夫後來強調：「人工智慧將改變我們日常生活的一切，但不能改變我們身為人類的本質，而是使我們的本質更加顯露。」[10]

揭露人性本質的關鍵在於適應新的生活，重新想像自己的人生敘事，理解我們探索未來的方式，深化並鞏固我們的人際關係。我們將在後續的數個章節，讓讀者明白其中的方法。

第二部

人類的創新

HUMAN INGENUITY

第三章

敘事：譜寫自己的生命故事

在我們提出的可令人類持續繁榮的標準中，其中之一就是賦予生命意義的**敘事**能力。隨著長壽人生與科技發展創造更多改變，敘事的結果與過程也會改變。在這樣的背景下探索自己的人生時，我們將面對幾個關鍵問題：**我的工作是什麼？我需要何種技能？我的職業發展生涯是什麼模樣？「變老」又有什麼意義？**

我們可以使用下頁圖3-1來探索自己的人生，呈現眼前的生命洪流——過去、現在與未來。我們已經知道過去，所以將過去描繪為通往現代的單一道路。未來沒有單一的已知路線，而是有許多種可能（以虛線呈現），每條道路都通往獨特的可能自我。

想像自己的未來時，我們可以達成特定的未來可能自我，但不是全部。觀看圖3-1時，可以看

圖3-1 你的「可能自我」

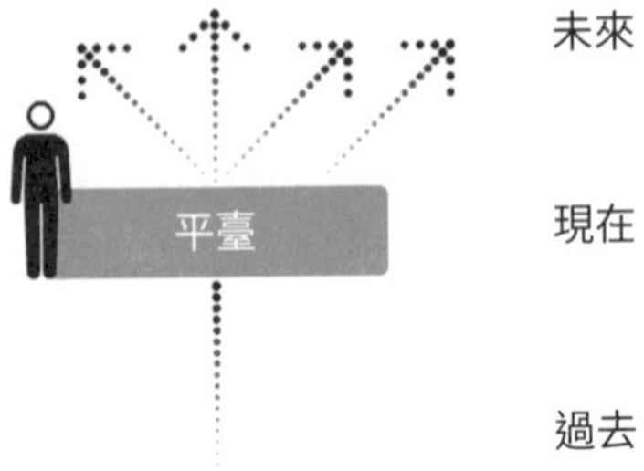

到未來的自我並沒有一條明確的道路。這是因為我們的未來選項，部分受限於目前生命敘事的「平臺」（platform）。所謂平臺，是由你目前的能力、健康、教育程度、財務狀況、個人關係狀態，以及人際網路的範圍和深度所構成。你在過去的決策，以及曾經發生的事件，都會影響你現在站在什麼樣的平臺。你未來的道路將會形成未來的平臺，而平臺又會決定你可以選擇的選項。

年紀是「可塑」的

日曆的時間以及過往的年歲，標記著自然的節奏，以及你的生命敘事架構。面對長壽人生，如果我們希望重新定義年紀，就必須解除

「時間」和「年紀」之間的連結概念。我們必須認為自己的年紀是「可塑」的——你活得愈久，享受良好健康狀態的機率愈高，四十歲、六十歲以及八十歲的意義，都會產生深刻的改變。可塑性是重新建構生命階段的基礎。

「年紀」的概念看似相對單純，連小孩都能夠理解。但是，當小孩回答「你幾歲」時，答案其實是受限的，因為他們只能用年歲思考時間。年紀的概念也可以是生物學的（你的身體年齡）、社會學的（其他人如何對待你），以及主觀的（你覺得自己幾歲）。我們可以在日常生活用語中，聽見各種不同的年紀觀念差異——「我今天真的覺得自己老了」「以這個年紀而言，他們看起來氣色很好」，以及「你已經是這個年紀了，不該做這種事」等。

隨著年紀的概念變得彈性可塑，不同年紀概念之間的連結也隨之改變。等到小孩已經六十歲，他／她的生物年齡可能與實際年齡有可觀的變化差異，他／她看待自己的方式，或許也不同於其他人看待她的方式。隨著不同年紀概念之間的連結改變了，我們再也無法使用特定的時間里程碑，作為生命敘事的建構機制。

但要轉變成這種情況並不輕鬆。實際年齡是測量年紀的主要形式，也是三階段生命敘事的基礎。教育、社會以及政府的各種習俗規範，也剛好強化了實際年齡的地位：我們在十八歲時就讀大學、在二十多歲或三十歲上旬結婚，在六十五歲退休。

事實上，人類並非永遠都仰賴於實際年齡，即便生日派對都是二十世紀才出現的發明。在歷史中的大多數時期，人類其實不知道自己的出生日期，甚至不曉得出生年。實際年齡變得如此重要，只因為各國政府在十九世紀開始蒐集人民的準確出生紀錄。[1]從此刻開始，實際年齡就提供我們生命的時間架構。

上述結果創造了一種「數字決定論」(numerical determinism)。社會規範和刻板印象，以及各種關於我們未來生活的假設，都取決於一個數字——你出生之後，過了幾年？數字決定論從根本上誤導我們的認知，並且創造年齡刻板印象，限制我們如何想像自己與他人的人生。

「變老」的意義，究竟是什麼？

在你自己的生命敘事韻律中，你將產生自己對於年輕和老邁的認知。但是，隨著實際年齡、生物年齡、社會年齡，以及主觀年齡彼此關係的改變，變老的意義也改變了。老年學(gerontology)學者引入新的字詞描述年紀時，這個趨勢已經非常明顯了。他們開始使用「青老」(young-old，六十歲至六十九歲)、「中老」(old-old，七十歲至七十九歲）以及「老老」（oldest-old，八十歲以上）。

為了更加理解什麼是「變老」，我們必須導入另一個標準：**死亡年齡**（thanatological age）。死亡年齡不是用你出生後的時間作為單位，而是用你還有多少生命時間。死亡年齡無法直接理解，因為，感謝上蒼，我們其實不知道自己何時會死。為了理解死亡年齡，我們必須觀察人口統計學以及死亡率（才能知道在特定年齡死亡的機率）。在人生的任何階段，死亡率愈低，代表死亡機率愈低，也代表還有更多在世的歲月。

因此，死亡年齡與死亡率呈現負相關。相較於實際年齡，死亡率也是對於評判人口整體健康狀況來說更好的方式。[2] 因此以整體人口而言，較低的死亡率，代表健康情況更好，也還有更多年的人生歲月——從某些意義而言，就是「更年輕」的指標。

請讀者參考下頁圖3-2中的英國例子，我們在圖中呈現自從一九五〇年之後的實際年齡（平均年齡），以及平均的死亡率（每一千人的平均死亡人數）。這張圖清楚顯示年紀測量方式的差異。如果以實際年齡為基準，英國人口現在是最老的情況，過去沒有比現在更老的時期。如果其他條件不變，你可能會認為這個現象導致更高的平均死亡率，因為年紀大的人更有可能死亡。然而事實的發展完全相反——平均的死亡率降低了。簡單地說，雖然英國人口的實際年齡變老，但大體來說英國人從不曾擁有如此漫長的未來

圖 3-2

英國從 1950 年至 2017 年的平均壽命與死亡率

資料來源：作者本人的計算

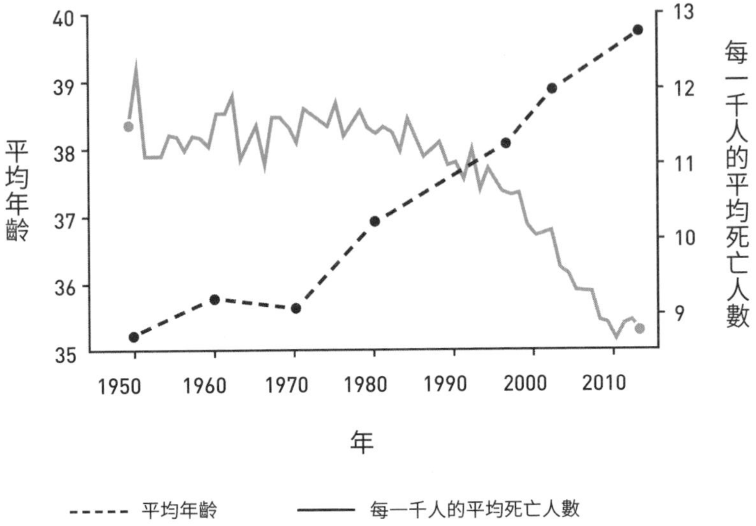

壽命。如果我們只專注於實際年齡的測量方法，英國顯然就是一個老化中的社會；但倘若我們觀察死亡年齡，就會發現英國從未如此年輕。

上述現象的解釋就藏在**年齡的可塑性——人活得更久，而人變老的方式也改變了**。由於人們的生物年齡情況變得更好，人們更為健康，每個年齡層的死亡率都下降了。一份研究報告可以明顯看出這個現象，研究調查二萬一千五百名超過五十歲的美國人，發現他們從一九八八年至二〇一〇年之間，相較於實際年齡，生物年齡（以身體的各個指數判斷）呈現下降趨勢。[3]

只專注於實際年齡的問題在於，實際年齡是一種純粹的常態名目測量（nominal measure），無法解釋真正重要的問題——你的健康與行為。如果我們在特定年齡時，健康與行為間的關係不會改變，那麼實際年齡的問題其實不重要；但如果年齡是彈性可塑的，使用名目測量方式就會令人困惑。

這種困惑就像經濟學中的通貨膨脹問題。一九五二年時，一品脫的啤酒在美國售價為〇．六五美元，到了二〇一六年則是三．九九美元。從表面上看，啤酒似乎隨時間而變得更貴。但是根據整體的通貨膨脹率進行調整後，一九五二年的〇．六五美元，其實等同於現在的五．九三美元。易言之，二〇一六年的啤酒其實還比一九五二年的啤酒更便宜！同樣道理，我們也必須調整年齡的通貨膨脹（age inflation）——正如每年的通貨膨脹指數代表一美元的實際購買力下降，年齡的通貨膨脹代表**隨時間經過，實際年齡一歲的變老程度也減少了**。[4]

對於何謂變老，上述討論有非常重要的意義。在一九二五年的英國，超過六十五歲的人就有資格領取退休金。時至今日，七十八歲人的死亡率等同於一九二二年的六十五歲人的死亡率。根據年齡通貨膨脹調整，新的「老」，其實是**七十八**歲。

「老化社會」這個說法完全根據實際年齡測量方式，因此這種敘事方式的結論就只有老人愈來愈多。如果忽略年齡通貨膨脹，「老化社會」一詞將無法捕捉人們如何變老的重大改變，也忽略更為長壽的人生，提供給個人與社會的契機與解答。

改變你對自身年紀的觀點

美國文化觀察家芙蘭．雷伯維茲（Fran Lebowitz）曾說，她年輕時曾將老年人視為不同族群，無法理解時間會讓現在的年輕人成為未來的老人。她的觀點，其實也是我們自動使用實際年齡六十五歲來定義「老年」時會產生的問題。其實你變老的方式並非命中註定，而是受到行為和信念的深刻影響。

如果你用實際年齡法去理解自己的年紀，這種方法也會鼓勵你相信，其實每個人都按照固定不變的速度老化——以一年為單位，每年都在變老。但是，從年齡彈性可塑的觀點而言，老化並非如此。人類老化的方式，其實只有四分之一受基因決定，這是一個非常讓人興奮的事實。[5]你自身的行為，以及你無法控制的生命事件，也因此將擁有極大的空間可以發揮影響力。

上述事實也表示，生日蛋糕上的蠟燭數量不會決定你在每個年紀的行為。想要發揮長壽人生的益處，關鍵就是接納**年紀其實是彈性可塑**的觀念。理解自身行為將發生重複回歸（recursive）影響也很重要——你現在從事的行為，其實已經連結至你的未來，也會影響你的未來。如果你可以採用重複回歸影響的方式思考人生，你的思維將更有可能是展望未來，而不是回首過去；這個思維更會鼓勵你對自己的未來做出重要的投資，如學習新技能、建構新的人際關係，以及照顧自己的健康。

你對於老化的主觀感受，部分影響你如何建構年紀的可塑性。愈來愈多的研究報告認為，比起抱持負面自我認知的人，對老化抱持正面積極的自我認知的人，平均而言可以多活七·五年。[6] 一份調查英國五千名超過五十歲人的貫時性研究報告也強調這個結論，主張我們看待老化的態度將產生深刻影響。[7] 對老化抱持悲觀立場的人（認為自己的健康會惡化，或者自己將陷入孤獨境地），更容易產生負面的老化經驗。

我們的行為、環境、處境以及基因，都會形成每個年紀階段特有的經驗。由於生命的經驗將受重複回歸影響，各種差異也會隨著時間累積。隨著未來數十年將有更多人進入九十歲以上的年紀，老化的多樣性也將愈發顯著。你會閱讀到各種故事，例如某個超過一百歲的人完成驚人的運動成就，或者某個四十歲的人決定享受安然平淡的人生，而且他的身體情況可能長年不佳。面對老化方式的多樣性，我們所有人都要改變自己的生命敘事方式，從原本仰賴實際年齡的單一測量方式，轉變為更加個人化的評估，理解自己目前的情況、未來的需求與理想。換言之，我們應該對自己的生物年齡和主觀年齡有所掌握。

改變你對他人老化方式的觀點

改變對老化的觀點，不只是思考自己的老化方式，也包括思考他人的老化方式。這個觀念就是「社會年齡」的本質，也是一種「內外翻轉」的測量方式，決定你對他人的期待。看待年紀的社會習俗非常重要——因為這種習俗創造社會共識，並影響看待年齡的刻板印象與行為。

關於年齡的社會習俗過去曾改變，未來也會再度改變。舉例而言，在一六八〇年的英格蘭，超過五十歲的年紀已經非比尋常（大約只有五分之一的人可以活到這個年紀）。在這個時期，知識尚未普及，書籍很少，大多數人沒有閱讀能力，因此口述故事的傳統與經驗分享就是知識傳遞方式。由於老人累積較多知識，社會習俗也認為超過五十歲的人都是睿智的。當印刷術等科技出現之後，對年齡的社會認知也改變了。隨著時間經過，更多的書籍付梓，知識傳遞的口述傳統開始衰退。口述傳統的衰退，導致老人的智慧重要程度降低，因此超過五十歲也不再被視為智慧的代表。[8]

我們目前生活的時代，實際年齡與生物年齡之間的差異正在快速改變，而社會習俗卻難以適應。從前美國退休協會（American Association of Retired People）曾製作一部影片，要求年輕人「宛如老人一樣」從事特定行為。[9] 在年紀較長的人加入之後，年齡刻板印象和實際行為之間的差異令人感到非常驚訝。滾石樂團成員的平均年紀比美國最高法院成員的平均年紀大十五歲，我們已經身處在這樣的世界之中，因此我們的社會習俗必須盡快改變。

既有社會習俗看待年紀的過時方式，已經在**勞動市場**產生問題。我們將在第六章的企業議題中深入討論，許多公司都默默地假設，相較於更年輕的勞動力，五十歲和六十歲人的生產力和學習能力較差。我們的生命與職業生涯變得更長久，因此我們也有急迫的需要，必須用不同方式看待其他人的年齡。如果這樣的觀念無法改變，將會阻礙長壽人生帶來的契機與益處。

請各位注意，以年齡為基礎的刻板印象，不只是針對其他人的偏見，也是針對未來自我的偏見。這種偏見最後將限制你的長期發展機會，以及你選擇可能自我的範圍。你可以想像一下與八十歲的自己交談，或者在選擇朋友與建立友誼時，練習成為一位「年齡不可知論者」。與其他年齡層的朋友相處，可以協助建構更堅強的生命敘事，讓你與未來的自我產生連結。

圖3-3 時間的山頂觀點

重新定義時間

隨著健康的預期壽命增加，眼前你將擁有更多時間。你是否可以抓住時間創造的優勢，取決於你如何認知，並重新定義時間。

未來的時間

你對時間的觀點可能就像圖3-3。你可以想像自己站在山峰，未來就在眼前，身後則是過去。在這樣的「山頂觀點」（hilltop perspective），眼前的時間比其他時刻更重要，勝過未來與過去。你看得愈遠，時間的單位看起來就愈小、愈遙遠。你的專注力都集中在目前的所在地，以及即

圖 3-4 時間的鳥瞰視野

將踏出的步伐。你的經驗就是行為經濟學家所說的「現狀偏差」（present bias）[10]，決定如何分配生命中的時間時，你也專注在最靠近當下的取捨和事件。

另一種時間視野則是「鳥瞰觀點」（bird's eye perspective）。你現在由上往下看，地面變得平坦。地面的每個部分（包過過去和現在），看起來都一樣重要（請參考圖3-4）。用這種方式思考時間，就像觀看日曆——每個方格都是一個時刻，每一年都會排列在彼此身邊。

在更長壽的人生中，鳥瞰觀點的優勢是更強調你的未來自我，創造投資未來選項的動機，例如在兩個重要的人生階段中休假一年、花時間與孩子相處，或學習新技能。你的人生愈長久，你的未來愈寬闊。當思考自己面對的選擇時，就應

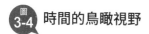

該更重視未來。換言之，替未來做好準備必須更有耐心，而且不應該**低估未來**。[11]

這種觀點會深刻影響你決定如何分配時間——一個星期、一年，或者整個人生。[12]鳥瞰觀點也會強化不同時間階段行為之間的關連，讓你獲得更有益處的位置，能夠善用年齡的重複回歸影響特質。**你現在採取的行動，將會提高你在未來成功的機率**。

複利的魔力

更寬闊的視野讓你可以發揮複利效果的優勢。由於愛因斯坦曾將複利稱為世上的第八奇蹟，縱使複利聽起來可能是一個無聊的主題，但確實值得我們花時間理解其影響力。

讓我們先從金融觀點理解複利。請想像你在二十歲時投資一百美元，獲利是百分之四。等到你五十歲的時候，一開始的投資已經成為三百二十四美元；到了七十歲，則是七百一十一美元。現在，請想像你並未在二十歲開始投資，而是等到往後——舉例而言，你決定四十歲再開始投資。由於起點較晚，如果你希望在五十歲時擁有相同獲利，你必須投資二百一十九美元，而不是一百美元。倘若你決定更晚開始——從五十歲再開始，你必須投資三百二十四美元，才能在七十歲時獲得相同收益。你愈快開始投資，複利就會替你創造更多收益，而你不必親自努力。

複利的魔力不僅限於金錢。還有其他投資形式也能隨時間成長：投資專業技能、健康以及人際關係。以學習新專業技能為例，請想像你現在五十五歲，如果你認為自己必須工作到六十五歲，投資在學習新的專業技能似乎不值得。但是請想像你現在五十五歲，但必須工作到七十五歲，突然間投資在學習新專業技能的決定變得很合理，因為學習新技能的影響力將隨時間累積，也就是你有更漫長的時間讓投資獲得回報。投資健康和體能也是相同道理。如果你現在六十歲並希望活到一百歲，比起活到七十歲，投資在健康和強化體能上，就能創造更良好的複利效果，因此得到更多「分紅」。

妥善面對當下

我們總是在當下決定如何分配未來的時間。你每一天的當下決定，都會建構成你通往未來的道路。這種從未結束的連續決策，通常也會有所取捨。

你其實很清楚這種感覺，早上醒來，你不知道自己應該如何完成所有目標。通常，你確實不會想要完成所有目標。你今天將專注在某些目標，將另外一些目標推遲至明天，再將其他目標留給未來的某一段時間。換言之，你正在取捨不同的時間，也藉此暗自決定最重要的目標是什麼。

如果你承受壓力，確實難以制定關於未來的合理決策。在傳統人生三階段的第二階段，面對兩個階段的「擠壓點」（pinch point）可能特別艱難。由於接受了教育、工作以及退休的人生三階段觀點，也創生了一種特殊的時間取捨方法。在第一階段，你身無分文，但你正在學習專業技能，支持你的職業發展生涯。在第二階段，你無暇享受休閒時光，但你努力賺錢，想讓未來的退休生活舒服安逸。到了第三階段，你開始享受自己的財務資產，享受休閒時光。然而這種取捨方式卻讓第二階段承受了巨大的時間壓力，已有很明確證據顯示，第二階段可能是人們心理狀態最低落的時期。[13]在第二階段，太多目標彼此競爭——努力工作，創造傑出的職涯、替退休生活存錢、扶養家庭、照顧老邁父母、努力維持情感關係，以及思考生命的意義。

在更長壽的人生中，你將有機會藉由**重新分配**活動，減輕人生階段的擠壓點壓力。在整體人生中重新分配核心活動（教育、工作以及退休），你可以減少每個生命階段的時間壓力、緊張以及取捨。舉例而言，重新分配代表用於教育的時間轉變為終生學習的連續活動；或者將退休後的「停工時間」重新分配至人生的每個階段——例如隨著孩子長大，用更多時間陪伴他們，或者用更多時間去旅行，甚至在不同階段之間放假一年。正如研究結果顯示，這種重新分配方式很有用，因為如果我們將各種活動分配至每天的各個小時，就會感受到緊張壓力，而且變得不快樂。然而如果我們將活動分配至幾個星期，或者幾個月，我們將變得非常快樂。[14]

從表面上看來，重新分配時間看似相對單純，實際上想要達成這個目標確實有難度。正如我們將在稍後的篇幅所示，重新分配時間的特定障礙，來自各家企業的實際措施將懲罰非線性的工作方式。但重點不只如此，我們對於時間的觀點也是其中一個障礙。

對於我們所有人而言，採用長期的時間觀點可能都是一個難題。在某些情境中，只將專注力集中於現在的壓力過於沉重，我們根本無法負荷。舉例而言，如果房租繳交期限快到了，我們只剩一個星期，此時此刻若想採用長期時間觀點，其實並不務實，也不是合理的建議。艾絲黛爾想要養育孩子時，財務壓力就讓她有這種感受。她很清楚大學教育的長期價值，也能夠感受到十六歲帶著最低程度的就業資格離開學校後所面對的劣勢。她希望可以成為一個合格的美容師，有朝一日能經營自己的美容沙龍。但這些都是屬於未來的期望，此時此刻她只能專注眼前，她努力賺錢支付生活費，照顧孩子，而且她必須隨時待命，如果護理之家有額外的工作時間她才能立刻上工。對艾絲黛爾而言，時間是稀少資源，而這種稀少也影響她做出的每個決定。

正如哈佛大學經濟學家山希爾・穆蘭奈森（Sendhil Mullainathan）以及普林斯頓大學心理學家艾爾達・莎菲爾（Eldar Shafir）所說[15]，如果某種資源很稀少，這個資源就會主導一個人的思維，這也是必須解決的問題。資源稀少導致我們的視野就像進入隧道，變得非常狹窄，也容易做出錯誤決策，造成長期損失。艾絲黛爾擔心金錢，因此產生「隧道型」的認知問題，這必定妨礙她的思考。這個情況代表艾絲黛爾更有可能只專注眼前面對的即刻問題，容易做出壞決策，而這將產生長期影響。舉例而言，艾絲黛爾開始仰賴「發薪日貸款」（payday loan）❶，即使這種貸款的利息與手續費用都非常高昂。

面對「隧道效應」，最好的平衡方式就是「寬鬆」——創造豐裕的資源，就能限制資源稀少對於制定決策時的扭曲影響。寬鬆處理有多種形式：可以是建立儲蓄，讓我們能夠即時應用；定期休息；學習可在未來發揮用途的新技能，或維持最基礎的健康體能。上述方法都是為了預先建立平衡方式，面對未來可能出現的惡劣情境時能提供緩衝空間，也可避免出現資源稀少窘境，助你制定更好的未來決策。

寬鬆處理也讓我們可以合理地以「輕鬆推進」的方式進行思考，妥善安排，讓我們不需付出過度的時間和專注，就能做出正確的決定。舉例而言，每次支付房租之後就提撥額外的五美元放在存錢桶裡，或者在每星期二開完會後準時下班，享受簡短的休息時間。在更長壽的人生之中，提前養成這類型的習慣，將可以成為應對未來變化的基礎。

邁向健康工作的通道

放棄傳統三階段人生最困難，但也可能是最大快人心的環節，就是**處理工作和休閒之間的取捨**。在傳統三階段人生的第二階段，工作主導一切。但是隨著我們的壽命愈長，代表人生還有更多歲月，因此想要妥善利用額外的時光，我們就必須能夠、而且應該將工作時間替換為休閒時間。然而，不只是企業的政策妨礙我們做出這種決定，我們本身也有糾結於工作重要性的習性。

二〇一六年，在劍橋大學舉辦的「未來工作」研討會中，劍橋大學賈吉商學院教授布倫丹．布歇爾（Brendan Burchell）的評論，讓我們都非常驚訝。他說：「如果你在藥局購買藥物，包裝上就會告訴你應該服用幾顆藥。但是關於受薪工作，卻沒有任何研究讓你知道，你應該付出何種程度的努力，才能獲得所有益處。或許，適當的工作付出，比我們現在習以為常的分量更少，可能是一星期八個小時或十五個小時。」[16]

❶ 發薪日貸款是英國常見貸款方式，將還款日期與受薪日期綁在一起，確保債務人能夠還出款項。

歷史上最富裕的社會成員，也就是所謂的「有閒階級」。相較於薪資較低的階級，有閒階級的工作時數非常少。[17]到了現在，則是收入最高的人付出最多的工作時間，他們用休閒換取金錢。為什麼會出現這種變化？可能是因為，如果我們工作一個小時，就能得到非常優渥的報酬，這代表休息是奢侈行為；也可能是因為高薪工作機會更競爭，因此更傾向於「表現主義」——我們必須被人看見自己的生產力；又或者是因為我們認為高薪工作更令人享受，而且有意義，所以願意將時間從「不令人享受的工作」移轉至「令人享受的工作」。此外減少高收入者的稅率，也讓報酬更高的工作職位具備更好的財務獲利空間。

但是，這種人生選擇都將產生深遠的影響——特別是超時工作的危險，以及無法將休閒時間從人生晚期分配至中段時期。這個現象值得我們深思。已有許多證據指出過度工作的危害，以及適度休息的正面效果。

隨著人生變得漫長，我們的職涯也會更長久，並創造更多機會讓我們在工作時間和家庭時間之中進行取捨。為說明這個困境，洛杉磯大學加州分校的教授霍爾．赫許費爾德（Hal Hershfield）與其他共同作者向四千名受訪者提出一個問題：「請想像你是一名大學教授，受邀在周末離開自己居住的州，在專題課程任教。但你家中還有一位十二個星期前剛出生的小女嬰。專題課程的薪資可貼補育嬰費用，但你就不能在周末與小女兒相處——你會做出何種選擇？」[18]

這就是工作時間和家庭時間的直接取捨問題。你又該如何思考這個選擇？顯然地，金錢的價值確實容易量化。但是，你可能會發現自己難以用金錢衡量失去的家庭時間。以思考家庭時間的價值而言，在擁有更長久的人生後，也形塑了看待這個取捨的有趣觀點，且最終必定會讓我們更傾向於陪伴自己的小女兒。正如赫許費爾德所說：「在女兒就讀幼兒園之前只有兩百二十二個周末，在此之後，美好的家庭時間就會挪用於使用汽車共乘至朋友家中作客。」[19]我們的人生愈長久，工作時間愈長，這種取捨的本質也會改變。能夠陪伴小女兒的周末時間不會增加，但專題研討會與會議的次數會增加。因此權衡之後，花時間陪女兒的價值更珍貴，因為你可以往後再參加工作會議。在多階段的人生中，妥善利用家庭和工作取捨選擇的改變，就是重新分配時間的核心。

重新思考工作這件事

在人生敘事中，其中一個主要的定義關鍵就是我們現在與未來的工作。經歷你的人生故事時，工作可以滿足一個基礎的需求：提供資源，確保良好的生活標準。但是對我們大多數人而言，工作還有另一個角色：形成我們的**身分認同**，並且**創造日常生活的脈絡**。科技創新正重新塑造我們的身分認同感，並且從根本上改變職業和工作。

湯姆對自己的工作百感交集。從正面觀點而言，工作讓湯姆獲得穩定且合理的收入，他喜歡開車上路，也喜歡自己對於工作的熟悉感與穩定感。但是每當湯姆踏上長途跋涉的旅程時，他總是很想念家人，而且也會擔心年邁父母。正如許多卡車司機同仁，湯姆的體重過重，因為只要他停車就是用餐，且醫生也警告湯姆要小心罹患糖尿病。隨著年紀增長，湯姆發現晚上愈來愈難入睡，因為長年久坐車上也開始對他的身體造成傷害。湯姆已經有理想的退休計畫，但最近他聽說，為確保退休金制度能夠保持運作，卡車司機公會刪減百分之三十的退休金福利。

在澳洲雪梨，瑛也體驗了與湯姆相似的憂慮。瑛非常生氣，她將泰半人生奉獻給這間會計事務所，但事務所卻請她離開。她想念工作與夥伴，但也需要收入來源。事務所開除瑛的其中一個理由，是因為事務所投資了會計軟體。這個軟體可以在毫秒之內完成數千筆報稅資料；反觀薪資優渥的瑛則必須耗數星期，才能完成相同分量的工作。

我們不是世上第一群因為科技可能會改變職業而焦慮的人。但是每本經濟學教科書都會告訴我們，從歷史角度而言，嶄新的科技發展最後總是讓人們的生活變得更好，而且不會導致失業。然而，我們不該貿然假設眼前的科技發展亦是如此。科技對職業發展的衝擊非常複雜，我們不應單純藉由歷史，就想理解未來數十年的發展。

恩格斯的停頓

湯姆與瑛都是這場巨大轉變的一部分，工作的本質與形式都改變了。為了讓讀者理解這次轉變的規模，到了二〇三〇年時，估計將有七千五百萬至三億七千五百萬人需要轉職並且學習新的專業技能——也就是全球所有勞工的百分之十四。[20]

我們可藉由英國工業革命的例子，理解這種規模的轉型將造成何種衝擊。諾貝爾經濟學獎得主保羅·克魯曼（Paul Krugman）曾如此評論英國工業革命：「機器化作業——經過了數個世代——最後讓英國的生活水準大幅上升。但是我們依然不清楚，當時的典型勞工是否在工業革命的早期階段獲得任何益處。明顯地許多勞工都承受傷害。」[21]請注意克魯曼提出的時間：數個世代。這就是經濟史學家鮑伯·艾倫（Bob Allen）所說的「恩格斯的停頓」（Engels' pause）——觀察工業革命的上半時期，雖然生產力增加，但薪資停頓，不平等的情況惡化。在工業革命期間承受傷害的人，其實不只是失去工作的人。[22]

在目前的科技轉型浪潮中，我們已經觀察到一些可能會發生相似情況的跡象。以經濟市場支付給勞工的比例（也就是所謂的勞動收入分配率）為例。美國的勞動收入分配率呈現穩定下降，從一九九〇年代初期的百分之六十五，到了二〇一八年則是百分之六十。這樣的數字看起來或許不明顯，但從歷史角度而言卻是巨大轉變。原本用於支付勞工薪資的收入，現在付給企業的擁有人，他們使用或自行製造機器與軟體藉此取代勞工，或聘請因科技發展而強化自身專業技能的其他勞工。展望未來，即使湯姆可以保住卡車司機工作，也很有可能遭到減薪。但自動駕駛汽車的製造商，或是製造商聘請的軟體工程師，將獲得更多收益。

換言之，人工智慧與自動機器技術改變傳統的工作場域，受影響的人其實遠遠不只是原本預測將失業的百分之十四勞工。剩下的百分之八十六也會受到影響，他們可能會非常擔心自己失業，其中有些人的工作內容會改變，薪資也會減少。關於我們的工作人生敘事，其深度早已超過我們是否失業。為理解這個複雜的難題，讓我們仔細思考湯姆可能的處境。

湯姆的難題

美國共有四百萬人在駕駛領域服務，湯姆就是其中一位。由於數據資料大規模數位化，電腦運算能力呈現指數型成長，加上演算法的改進，自動駕駛汽車已經成為現實，這也讓湯姆擔心自己會失業。但如果我們仔細檢視湯姆的處境，就會發現科技、工作機會、勞動市場以及人口結構，呈現複雜的互動關係。我們也難以單純地認為，自動化與失業之間有必然關係。

大部分的勞動市場（例如卡車司機）每年都會經歷重大的流動改變，而且不必然會提高失業率。媒體經常強調失業率，卻鮮少注意每年創造的新型態工作，以及遭到摧毀的工作類型（可能是退出市場或遭到刪減）。觀察二〇一八年的美國總勞動力數據，就能知道美國勞動市場的實際流動狀況。在二〇一八年，美國勞動市場一共有一億四千八百萬名勞工，新工作的數量是六千八百九十萬個，也有六千六百一十萬個工作完全消失了。[23]換言之**工作機會消失，不必然造成失業率增加**。

這個現象在湯姆工作的領域非常明顯。在運輸業，每年的離職比例（自願或因為裁員而離開原本的工作）大約是任職員工總數的百分之四十。因此，卡車貨運公司最主要的挑戰，就是聘請並維持足夠的司機人數。以目前而言，依然缺少五萬名司機[24]；到了二

○二四年，這個數字可能會增加至十七萬五千名。人數短缺的原因很多，部分原因就是社會老化的人口現象。湯姆目前四十歲，依然相對年輕，因為這個領域只有不到百分之二十的人年紀低於三十五歲。由於卡車司機的人口族群大部分都是五十歲和六十歲，將近退休的年紀，因此卡車運輸業需要將近一百萬名員工，才能滿足市場需求。

從這個角度而言，媒體以頭條新聞報導自動駕駛汽車造成的失業情況其實過度誇大，在中國與日本等國家更是如此。在未來三十年，中國和日本的工作年齡人口數預期將各自減少三億人與三千二百萬人。在這些例子中，勞動人口正在縮減，而自動機器技術的開發速度並不夠快。

但是，如果想要真正理解自動機器技術對於你目前或未來工作的衝擊，還需要分辨工作中的「職位」和「任務」差異。自動機器可以執行任務，而一份工作則是由許多任務構成。因此，你的工作是否危險，取決於你可以完成的任務類型，以及多少任務容易被自動機器取代。研究者探討自動化造成失業時，一開始他們假設一份工作只有少數關鍵任務，因而過度高估會被機器影響的工作數量。然而在現實生活中，大多數工作都是由多種類型的活動或任務構成。[25]想想你自己的工作——以本書作者的工作而言，包括寫書以及研究論文、同儕論文審查、在研討會與專題論壇發表演講、備課與教授課程、評量學生的作業，以及參加各種類型的會議。

工作與任務的分別很重要，因為機器毋庸置疑可以取代許多任務，例如湯姆的工作，但機器不太可能取代所有的任務。以我們為例，我們期待人工智慧可以有效評量學生的作業，或者準備課程內容（甚至授課）。如果特定的任務可以自動化作業，我們工作的重要任務也會改變。例如倘若評量學生作業的時間更少，倫敦商學院的資深教授就能提供更好的研究作品（但可能也會被要求參加更多會議）。

在湯姆的情況中，自動駕駛汽車現在無法在城市中行駛，特別是在險惡的天氣環境，或是無法預期的地形。這代表自動化駕駛可能會導致湯姆的工作不再包含在高速公路上駕駛卡車的任務，可能轉變為在城市中導航。在旅程的起點與終點，也有其他必須手動操作的任務，卡車並無法自動進行——這同樣是湯姆的機會。即使自動化作業能完成湯姆目前所有的任務，所有的自動化作業也會因法律和規範議題而遭到延誤，加上各地文化對於人工智慧的接受程度，以及出於政治原因想要保護工作機會的政策。美國德州與加州已經開始進行自動駕駛卡車試驗，但依然需要駕駛員，而且只能在高速公路上使用自動駕駛。

我們難以準確預測自動駕駛汽車正式啟用的時間與方式，某些原因是因為一切取決於載具將採用半自動或全自動駕駛。以短期至中期而言，半自動駕駛似乎更容易實現，這代表湯姆可以預期自己的工作，將根據公司上層人員的決定，成為「共同駕駛人」或「虛擬司機」。湯姆這個世代的卡車司機，很有可能與人工智慧合作，而不是被完全取代。

因此我們可以預期，湯姆在可見的未來還能保有工作。但是，這也代表湯姆承受了轉變，他的角色產生變化，這將影響他的生命敘事以及他的選擇。湯姆工作的本質改變，也很有可能影響他的收入。如果湯姆的角色以及他從事的任務變得比較沒有價值，他的收入可能不如以往。未來的工作內容與目前愈相似，但可以獲得更多科技協助，湯姆的收入就更有可能減少。另一種發展則是，湯姆的工作必須使用更多高階技能——他成為高度複雜的電子儀器控制人——他的收入就很有可能增加。

因此，湯姆現在可以做什麼？其中一個選項就是繼續保持目前的卡車司機職涯發展。正如前面提出的圖3-1，湯姆未來的人生敘事方式，就是沿著目前的位置，呈現單純的直線發展。或者，湯姆可以選擇另一條路：決定學習新技能，妥善利用正在蓬勃發展的自動駕駛卡車產業，這個領域將需要受過專業訓練的技師，維護與保養自動駕駛卡車。湯姆還有其他可能的道路：他可以加入許多朋友任職的倉儲領域，累積新的專業技能與經驗。以最終發展而言，湯姆現在選擇的道路，將會引導他前往不同的未來平臺，改變可能的未來路徑以及可能的自我。

湯姆應該如何選擇？在這個階段，他可能會比較傾向繼續維持卡車司機的職業，而不是轉行至倉儲工作，他希望保持自己原有的道路。他確實可以想像自己成為引擎技師的未來，但他擔心自己有沒有辦法學會新知識技能並負擔考取執照的相關教育費用。這條路線比較創新，但也有連帶的風險。如果湯姆展望未來，理解自動化駕駛的規模與程度，他一定會擔心自己如果繼續卡車司機這個職業，就會妨礙自己的未來發展。倘若湯姆在五年內被解雇，而且自動化駕駛已經取得顯著成果，他或許會非常掙扎，難以找到其他選項，更不會願意為了擔任引擎技師而投資自己的專業資格或累積經驗。

職業生涯的突然結束會造成許多問題，因為我們失去規畫以及準備的機會，也限制了未來的選項。倘若湯姆想要轉職，趁早決定是比較合理的選擇，因為最早轉職的人更容易享受最大的益處。他要考慮的不只是目前的行動，也要思考對人生往後階段的影響。這代表湯姆現在必須明白，今日的決策可能造就的未來。

工作大未來

我們透過身為卡車司機的湯姆，得知科技如何衝擊勞動市場的許多細節。然而，我們該如何因應？

有鑑於其中的複雜性，我們或許不該驚訝於科技對工作職業的總衝擊情況，各界其實沒有共識。皮尤研究中心提出的一份研究報告發現，認為自動化機器將取代更多工作機會的專家，以及抱持相反觀點的專家，比例為五十二比四十八。[26]一般而言，科技專家對於工作機會的預測較為悲觀：他們的焦點是人工智慧的急速發展以及此種發展對於工作的潛在衝擊。經濟學家的觀點則較樂觀：他們強調科技發展過去不曾造成大規模失業，更主張科技專家過度強調自動化能夠在符合成本效益的情況下迅速實際執行。甚者，經濟學家主張，預測哪些工作將遭到摧毀相對容易，但預測新的科技、新的市場以及新的產品可創造哪些新工作則較困難。

麻省理工學院的達隆．阿齊默魯（Daron Acemoglu）以及波士頓大學的帕斯庫爾．瑞斯崔波（Pascual Restrepo）發展的分析架構非常有助於我們理解。[27]他們認為，個人工作以及更廣大的勞動市場，都會部分受到**取代效果**（displacement effect）影響：自動化作業取代了任務，所以企業需要的勞工人數減少。為理解這個現象對於你自身工作的影響，你必須考慮「取代效果」的潛在影響範圍。你的工作內容有更多常態任務，承受自動化傷害的風險就會愈高。以本書作者的工作為例，其中有常態任務（例如評分學生作業以及製作課程投影片），也有複雜的工作（例如發展研究假設，指導博士生）。所有工作都有獨特的常態任務與複雜工作構成方式，許多研究報告認為，在整體勞動市場的工作機會中，大約只有一半的常態作業相對容易被自動化取代。[28]大約只有百分之五的工作，其中有將近百分之九十或百分之百的任務可以自動化處理。這個數據也能夠解釋自動化在過去完全取代的工作機會其實相對稀少。自從一九五〇年代開始，以美國人口普查的資料來看一共有二百七十種工作消失，但只有一種是因自動化而完全消失：電梯操作員。[29]

雖然大多數工作都不能完全自動化，但許多工作（大約百分之六十）則有將近三分之一的持續性任務很容易讓自動化協助處理。在住宿餐飲業領域，任務自動化的潛在空間很大（將近百分之七十五）。在製造業、運輸業、倉儲業以及農業，則有百分之六十左右的任務可以自動化；零售業和礦業為百分之五十。其他工作類型的自動化任務比例更低，例如教育（大約百分之二十五），因為授課、指導以及訓練輔導不太可能採用自動化。管理領域（一樣是訓練輔導、指導以及指揮專案進行）、專業領域（例如律師和顧問）以及健康照護（護理師、全科醫師，以及外科醫師）等工作，也不太能自動化。

你思考自己目前的工作，或者未來想要投身的工作時，其實不可能找到準確的自動化時間表——畢竟還有太多未知因素。但是你可以依據經驗判斷，方法就是留意局勢的改變，以及注意自動化科技發展的速度。你應該特別注意可以防止自己的工作完全自動化的四個障礙。第一，你的工作內容有多少**不是常態循環**的任務——這將決定自動化的難度。第二，你是否有機會轉為從事**具更高附加價值**的任務，也就是摩拉維克的「人類優勢地景」中，人類擁有更高競爭力的任務——例如同情、聯想、判斷以及創意。你也必須考慮按照目前擁有的專業技能，你的位置能不能取得良好機會。第三則是**工作環境**，舉例而言如法律規範，例如安全疑慮或人類操作的需求，是否將成為自動化的障礙？最後，你的工作如果採用自動化，是否**符合成本效益**？比方說，我們稍早提到的 AlphaGo 雖然令人印象深刻，但也需要極大量且成本昂貴的電腦運算能力。重點不是機器是否能夠做你的工作，而是機器是不是更便宜。

你的工作任務被自動化取代的速度，取決於上述的障礙難度。如果自動化並未受到阻礙，你可以預期自動化將在未來的二到三年內對你的工作造成衝擊。但請切記，即使在你的工作領域轉變成自動化的障礙難度很高，你的工作方式依然很有可能在未來十年內產生實質變化。

阿齊默魯與瑞斯崔波分析架構的第二效應，則是**生產力上升**導致的影響。在自動化作業取代某些特定的任務之後，將使勞工的生產力提高，也創造更高利潤，鼓勵企業聘請更多勞工。換言之，科技增強了人類的表現能力，而不是取代人類。舉例而言，在電子試算表軟體的浪潮中，美國失去了四十萬個簿記工作機會，但也創造了六十萬個會計工作機會。由於企業計算數字的成本變低、速度變快，就能創造更多數據以及高品質的財務指數，因此以分析數據為基礎的工作，其生產力也隨之上升，所以更多會計師獲得工作機會。相似的道理，自動提款機問世之後，銀行出納員的工作機會也增加了。自動提款機讓銀行出納員與助理人員不需從事低價值的任務，例如將現金交給客戶，於是他們有更多時間可以處理更高價值的任務，例如協助顧客處理更複雜的問題，以及交叉銷售銀行的眾多產品與服務。轉向處理高價值任務的結果，也讓各家銀行分行的生產力提高，因此聘請更多出納人員。[30]

此處討論的重點在於，就整體勞動市場而言，生產力效應對於就業有著積極正面的影響，雖然無可避免地將造成工作本質與需求技能的重大改變。畢竟不是每位銀行出納人員都能成為顧客關係經理，也不是每位傳統的簿記人員都能成為會計師。

自動化增強勞工的生產能力，有些勞工的工資也會增加。湯姆的主管現在擁有碩士學位，他的工作內容也從單純的排程，轉變為將工作流程最佳化，薪資比過去擔任相同職位的人更優渥。由於工作部門進行整併，瑛原本的主管工作責任增加，薪資也提高了。為了將自己的工作角色提升至薪資更優渥的任務，並且放棄可能會被自動化取代的任務，選擇重新學習專業技能的人，就很有可能獲得更好的薪資待遇。

阿齊默魯和瑞斯崔波分析模型的第三、也是最後一個效應，就是**創造新類型的工作**。有些新工作將非常複雜。湯姆的兒子已經成年，他對科技非常有興趣，夢想是研究最尖端的人工智慧。人工智慧領域有著相當豐富的新類型工作需求：他可以擔任「訓練師」（數據科學家，建立訓練人工智慧的演算法），以及「解釋者」（與人工智慧溝通，並且解釋人工智慧的決策及其過程的重要演算法），或者是「維護者」（修復、維護以及發展人工智慧系統）。[31]如果你還不相信新類型的工作浪潮已經來了，麥肯錫全球研究院在二〇一七年提出的報告預測，到了二〇三〇年總計將有二千萬至五千萬個數位工作機會。[32]

但是，我們不能錯誤地假設，所有新興工作機會都屬於數位和科技領域。由於我們將會使用更多時間，協助人們用更好的方式老化，所以體能教練與瑜伽老師的職業需求也會提高。人們將終生學習視為生活重點，職業諮詢師以及生活輔導教練的工作機會同樣會增加。我們也要做好準備支付更多費用，體驗人類的創新與娛樂活動。麥肯錫預測創意工作的需求將會提高——藝術家、設計師、娛樂工作人員以及媒體工作者。這已經是全球現象：到了二〇三〇年，上述專業技能在中國的需求將提高百分之八十五，在印度提高百分之五十八。除了上述的新類型工作之外，其他新類型工作來自老年人口比例的增加，且人類投資再生能源與氣候變遷也會催生出新的工作類型。

流動的職涯

職業和工作構成勞動生活的日常活動——從時間的角度來看，也是職業生涯的基礎。隨著人生時間的架構從三階段轉變為多階段，職業生涯也應該變得更為流動。

更多歲月

職業生涯發展的流動性，部分起源於工作生活長度的增加。在《100歲的人生戰略》中我們曾經計算過，如果你的預期壽命是一百歲，你把薪資所得中的百分之十挪來儲蓄，你必須工作至七十歲晚期或八十歲初期，才能建立等同於你最後薪資百分之五十的退休金。[33]麻省理工學院經濟學家吉姆．波特巴（Jim Poterba）的計算結果認為，預期壽命增加十年，代表我們必須額外工作七年，才有足夠的退休金（根據目前的利率以及退休金級距）。因此，根據一九八一年以來的英國預期壽命來看，現在五十八歲的人，必須工作到至少六十八歲至七十二歲之間。

你也可以預期，為適應更長壽的人生，政府的政策將會逐漸提高領取退休金的年齡。以英國為例，一九二〇年代時，男性領取退休金的年齡是六十五歲，女性則是六十歲；到了一九九五年，英國政府宣布消除兩性領取退休金的年齡差距，於是女性領取退休金的年齡逐漸提高至六十五歲；二〇一九年，英國政府再度宣布在二〇四四年至二〇四六年之間，兩性領取退休金的年齡都會提高至六十八歲。英國政府非常努力引導人民理解，隨著壽命增加，未來的退休年齡將會產生何種變化；英國政府也宣布，國家規定領取退休金的年齡，每十年增加的幅度不會超過一歲，所以公民可以安心在成年生活的最後三分之一時領取退休金。

在中國，預期壽命急速增加，也代表可領取退休金的年齡將會產生實質變化，目前男性領取退休金的年齡為六十歲，白領階級的女性是五十五歲，而藍領階級的女性則是五十歲。中國政府規畫每三年就提高女性退休的年紀一歲，每六年提高男性的退休年紀一歲。以目前的方案而言，到了二〇四五年，中國男女的退休年紀都會是六十五歲。提高退休年齡必定會導致政治震盪。二〇一八年俄羅斯舉辦國際足總世界盃時，政府宣布男性退休年齡從六十歲提高至六十五歲，女性退休年齡則從五十五歲提高至六十三歲。隨後引發的政治抗議也造成總統普丁支持度創新低，百分之九十的俄羅斯公民反對這項改革。

但是，國家政策提高領取退休金的年齡，並非故事的全貌，許多人早已自行選擇延長人生的工作時間。日本的國民可以在六十歲至七十歲之間的任何時間點開始領取退休金，且領取的時間愈晚，退休金愈優渥。但是在七十歲至七十四歲之間的日本公民，有超過百分之三十依然在工作，美國的比例是百分之二十，英國的比例剛好超過百分之十，但兩國的相關比例都在提高。隨著職業生涯延長，而且變得更流動，選擇工作至七十歲以上、甚至在八十歲左右依然保持一定程度的工作能力，似乎終於成為社會常態。

這種情景可能令人擔憂，但其實不完全是壞消息。事實上研究證據顯示，**工作可以延長健康的人生時間**。確實，對無關身體勞力的工作而言，退休時間愈晚，代表你的人生更長久。一份研究報告調查將近三千人，受訪者都在一九九二年至二〇一〇年之間退休，研究內容比較六十五歲、六十七歲、七十歲以及七十二歲退休者的死亡風險。每增加兩年工作時間，該年齡層的人，壽命都會比更早退休者更長久。其中一項數據尤其重要：工作至六十七歲，可以減少死亡風險百分之二十；比起工作至六十五歲，工作至七十歲減少死亡風險百分之四十四；工作至七十二歲時，則是降低該年齡的死亡機率達百分之五十六。[34]工作更久的正面效應或許能解釋近年風行的「復出」（unretire，字面意義是解除退休狀態）潮流。在英國六十五歲退休的人中，就有四分之一於五年內「復出」[35]——他們都是多階段人生的先鋒。

增加休閒時間

人生並非所有額外時間都會用於工作，我們也會獲得更多休閒時間。在三階段的人生敘事中，休閒時間主要分配於人生晚期的退休時光。在多重階段人生中，我們有機會將額外的休閒歲月平均分配至生命的各階段，例如在兩個階段之間讓自己休息一年、在轉換職業跑道時休息，或者在六十五歲左右決定把握「不退休」之前的那一小段休閒時光。

重新分配額外的休閒時間，不必然得採用「長期」的方式，例如長達數月或數年。

我們可以分配至更短的時間單位，例如減少每天的工作時間，或者一個星期有三天假期。在這種樂觀處理方式背後，其實有一個經濟邏輯：由於科技提高人類的生產力，每個人工作都更有效率，且能協助我們提高收入；而當人類變得更富裕，就會想要更多，其中也包括獲得休閒時間。[36]因此，感謝生產力提高的奇蹟，人們消費更多，工作更少，也看見自己的生活水準提高。這種趨勢已經反覆出現在現代歷史之中。舉例而言，在一八七〇年，德國人每周平均工作時間為六十八小時，而美國人則是六十二小時。到了二〇〇〇年，兩國每周平均工作時間各自下降至四十一小時及四十三小時。[37]更高的時間生產能力，就能創造更短的每周工時。

這個趨勢也暗示，如果人工智慧與自動技術的衝擊影響就像過去的科技發展，我們很有可能最後就會迎接**每周工作四天**，或**每周有三天休息日**的到來。有些企業採用一周工作四天的政策，有證據顯示這種政策與提高生產力和員工幸福感有關。[38]就目前而言，只有工作措施最彈性的公司，可能足以成功實施每周工作四天的政策，但是隨著更多公司採用相同政策，很有可能就會在未來的數十年成為社會新常態。

在最理想的科技發展之中，機器變得非常有生產力，人類已經不需要從事受薪工作，而且擁有充分機會可以延長休閒時間。出身自麻省理工學院的學者艾瑞克·布林喬夫森

（Erik Brynjolfsson）將此情形稱為「數位雅典」（Digital Athens），意指雅典的奴隸解放了偉大思想家（也就是蘇格拉底、亞里斯多德以及柏拉圖）的時間，於是他們才能致力於思忖更深層的哲學議題，也造就思潮的百花綻放。在智慧型裝置的世界，數位奴隸解放了人類免於從事單調苦悶的工作，讓人類可以追求自己的興趣和熱情，以從事更有意義、更需要自我參與的活動，例如必須精巧製作的工作或擔任志工。當然，上述所說的是一種極端情況，人類也需要重新適應這樣的激烈改變。然而即使社會並未達成上述的烏托邦狀態，我們依然需要找出休閒的時間。

更多另類工作選擇

目前主流的工作概念，就是穩定且有安全保障制度的全職工作。人們用保障承諾而且相對永久的方式付出勞力，藉此交換金錢或其他益處。擔任全職工作就像保持固定的工作模式，但在更為流動的職業生涯中，我們必須假設許多人會在某個階段，體驗接案工作或另類工作。無論是賺取額外收入的工作、面對轉換工作的時期，還是克服企業的年齡歧視以及晚年繼續工作，你都應該預設自己將會在人生某個階段，面臨上述各種情況。

工作選擇的範圍從自由接案（例如拉德西卡）、暫時於特定機構工作（例如艾絲黛爾）、依照需求的兼職工作，或者近年來出現的零工經濟。另類工作與傳統工作模式的區分，在於另類工作中的雇主和勞工只有短期關係，勞工的收入基於他們完成的任務，並且知道這個工作很快就會結束。自從一九九〇年代開始，經濟合作暨發展組織會員國超過半數的新工作都是臨時工作。然而雖然許多新工作是接案工作，但在二〇一七年的美國就業市場，接案工作在整體工作機會中的比例依然只有百分之十，理解此點非常重要。[39]

拉德西卡就是從事接案工作。她不是任何一位雇主的全職員工，而是以接案形式替許多雇主工作。這種工作型態之所以可實現，是因為愈來愈完善的工作平臺，能夠讓提供工作機會的人可隨時聯繫到有專業能力完成工作的人。Freelancer 以及 Upwork 兩個平臺網站都提供接案服務，我們也可以預期未來將有更多相關平臺。拉德西卡使用的平臺，加上其他如 TaskRabbit 以及優步等平臺，雖然正在快速發展，但在美國勞工中的比例依然不到百分之一，這表示未來還有相當寬闊的成長空間。

科技創新讓接案平臺成為可能，也幫助我們將工作拆解成各種個別且標準化的任務，並能夠將任務分配給好幾位工作者，而不是單一工作者。科技也讓我們得以監督並記錄工作者的績效，藉此進行比較。例如像拉德西卡這樣從事專門任務的自由工作者，如撰寫文章或設計網頁。她不是一位傳統的「員工」，必須透過替好幾位委託人執行任務，建立自己獨特的「職業」專業地位。這一切代表拉德西卡的工作模式與湯姆截然不同。湯姆知道自己的工作職責很廣泛，而且每天都要反覆進行，拉德西卡在開放市場中競爭，希望獲得良好的任務或專案計畫。拉德西卡比湯姆更自主且有彈性，可以決定想要從事什麼任務，以及實際工作的時間。但是自由接案也有缺點——每一天，拉德西卡都在擔心下一份工作在哪裡，也渴望建立像傳統工作模式那般的職場友誼。

你對於接案工作的感受，部分取決於你的動機，以及接受接案工作的原因。[40]大約百分之三十像拉德西卡這樣的「自由工作者」，都是受工作性質的自由與彈性所吸引。大約有百分之四十則是「臨時工」，他們希望在主要收入之外開源，提高所得。上述兩種人都很滿意工作與自身角色的特質，剩餘百分之三十則是在「不情願」情況下成為接案工作者，且他們更希望獲得全職工作。

瑛則是屬於最後一種「不情願」的類別。她更希望獲得全職工作，也擔心如果自己成為一位自由接案工作者，薪資就會下降，也會傷害個人的職業發展聲譽。艾絲黛爾在護理之家工作的目的是增加收入，她屬於「臨時工」類別，財務受限，正在思考是否加入優步成為司機。因為優步的廣告描述可賺取額外的收入，且擁有更多自由，非常吸引她。但她擔心自己該如何才能買一輛汽車，也煩惱自己又要如何處理現在的工作以及照顧孩子，她不知道自己是否適合成為一位自由工作者。

有一種觀點認為，平臺零工工作，例如優步以及戶戶送（Diliveroo），都是「不好的工作」，因為工作需要的專業技能水準與薪資都相對較低，所以必須付出更長的工作時間，因此將會失去自由與自主性；但自由與自主性卻是接案工作最大的吸引力。同樣道理也適用於接案工作者。稍微瀏覽 Freelancer.com 或者 Upwork 平臺的網站，就能發現這種類型的工作大多是採用非常普遍的時薪制度，且工作時間非常不連貫，專案計畫可能只有幾小時的工作時間或幾天，鮮少超過這個長度。這種情況也代表接案者每星期，甚至每天都要找尋新的工作機會，因此難以規畫未來。甚者，由於大多數接案工作者都不會被列為「員工」，所以他們只有少數或完全沒有假期、退休金資格，或健康保險。布蘭戴斯大學（Brandeis University）的經濟學家大衛．威爾（David Weil）描述上述發展情況的結果是「分裂的工作場域」（fissured workplace），意思是企業藉由聘雇接案工作者以提高效率、增加獲利，並免除應支付薪資、照顧員工安全以及提供福利的企業責任，也因此導致維持建全的勞雇關係，遠遠不及建立忠誠的客戶基礎，以及向投資人展現企業價值來得重要。[41]

隨著接案工作愈來愈盛行，企業也將明白如何發揮最大效益。已有一些企業發現，如果經常聘請同一位接案工作者，以企業核心價值和標準作為基礎來提供一定程度的訓練，確實是合理的決策。企業將接案工作者視為「板凳深度」，能夠在執行特定專案期間或業務高峰期整合至公司運作，而不只是一群單純的「接案工作者」。因此，在你的工作生涯，你應該期待自己與雇主之間的關係將會發生可觀的變化——全職工作者、專案計畫工作者，或「在板凳待命」的自由接案工作者。

更廣泛的工作概念

當你來回體驗自己與雇主之間的聯繫時，你的未來發展途徑以及可能的自我，當然也會成為更流動的結構。往後將有一些時刻，你會在傳統的工作中扮演獨特角色；還會有一些時刻，你必須以接案為基礎，在更有彈性與自主空間的工作崗位，完成更專業的任務，但你的財務風險就會提高，工作的自我認同感也會更脆弱。有時候，你在辦公室或工廠工作；其他時候，你可能是在自家工作。

職業發展結構更形流動的基礎意義在於，你必須承擔更多個人責任，對工作的詮釋也存在更多個人動因。流動的職業生涯代表著傳統的員工和雇主間的聯合關係將不一定存在，例如雇主必須負責提升你的專業技能、計畫你的未來發展、幫你做好未來的財務規畫，與思考可能的未來選項。有些議題將會逐漸成為你的個人責任，這個趨勢代表你用於「工作」的時間，將會超過單純的「受薪時間」，並且包含你用於打造現有資源或未來資源的時間，例如培養額外的專業技能以支持你在下個階段的工作安排；探索其他職業發展路線；在數位雅典中參與社群活動。因此，重新分配時間的能力與勇氣非常關鍵。在傳統的三階段人生中，只有「受薪工作」以及「無薪休閒」的單純二分法。但是在有彈性的多階段人生中，個人的責任感以及個人動因都會更強烈，所謂「工作」的概念也會變得更加廣泛。

打造良好生活的條件

迄今為止，我們的焦點都是科技和長壽人生將如何改變你的生命敘事——更長久的生活，更多階段的人生，並且接納工作、休閒、生活以及財務的變化。然而所有的敘事需要的不只是結構，還要一個統一的主題與目標。你的人生敘事背後的動機必須是「什麼是打造良好生活的條件？」。

金錢顯然很重要。毫無疑問，在百歲人生中我們必須賺取足夠金錢，才能實現良好的退休生活、健康的生活方式，以及支應終生學習和休假的需求。

請讀者思考達賴喇嘛的話。有人曾請教他，人性中讓他最驚訝的地方是什麼。他說：「人類為了金錢犧牲健康，又為了恢復健康而犧牲金錢。他對於未來如此焦慮，根本無法享受當下；所以他不是活在現在，也不是活在未來。他生活的方式就像自己永遠不死，而他死去的時候就像自己根本不曾活過。」對達賴喇嘛而言，金錢和幸福毫無關連。[42]

讓我們從達賴喇嘛回到平淡乏味的經驗研究世界。一般而言一個人擁有的金錢愈多，或一個國家的整體收入愈高，那個人或那個國家的公民確實比較快樂。但真相並非如此單純，因為確實有例外。舉例而言，哥斯大黎加的公民比香港的公民更快樂，雖然哥斯大黎加公民的收入較低。金錢創造的快樂也有邊際效應遞減問題。如果你的收入是六萬英鎊，額外一千英鎊收入所創造的快樂效果，比不上你的收入是二萬英鎊，但你獲得額外的一千英鎊收入的快樂效果。這個現象不代表金錢不能讓你更快樂，只是金錢的快樂力量變得更小了。

幸福快樂的本質引發許多爭論。希臘哲學家伊比鳩魯相信，幸福攸關愉悅，以及避免不好的經驗；亞里斯多德提出 eudaimonia 這個觀念（一般翻譯為幸福，或人類的繁榮），描述幸福的本質是達成目標與良善的生活。讓我們再度轉回到經驗研究，兩位諾貝爾獎得主——經濟學家安格斯．迪頓（Angus Deaton）及心理學家丹尼爾．康納曼（Daniel Kahneman）在一個大規模研究中，探索美國人對於金錢和幸福的認知。[43]他們發現如果是日常生活的快樂，收入超過七萬五千美元的人，即使獲得更多金錢也不會比較滿足。[44]但如果攸關生活的目的，一般而言更富裕的人對自己的生活確實比較滿足。迪頓和康納曼如此總結研究結論：「高收入可以帶來生活的滿足，但無法創造快樂；低收入同時與生活滿意度低落以及情感低落有關。」這個結論顯示，金錢可能不是通往幸福的道路，但確實是維持良好生活的支柱。

然而其他範圍更廣泛的，想要探索人生中的幸福與滿意的研究調查，發現了另一個重要變數。哈佛大學的「格蘭特研究」（Grant Study）調查二百六十八位同年齡層的人長達七十五年——他們在一九三九年至一九四四年間畢業於哈佛大學（其中包括美國前總統約翰．甘迺迪）——也突顯這個變數。後來，這個研究也增加四百五十六名居住在波士頓貧窮區的同年齡層青少年，作為補充對照資料。

「格蘭特研究」的重點在於考察生活滿意度的因果關係。擁有更多金錢的人確實比較快樂，但研究結果顯示，金錢雖然很重要，卻不是生活滿意與充滿幸福最重要的因素。生活滿足的最大影響因素來自「互相關愛的關係」。讓我們引述「格蘭特研究」的主導人喬治・華倫特（George E. Vaillant）的話：「愛就是幸福，沒有其他因素了。」與他人之間的良好連結關係就是良善生活的基礎，也是面對生活挑戰的方法。

霍爾・赫許費爾德對於人們選擇留在家中陪伴小女嬰，或參加周末專題會議獲取薪資的研究結果，也傳遞相似訊息。在研究的受訪者中，百分之六十五的人選擇金錢，但選擇家庭的人，平均而言更快樂，且對生活更感到滿意。為什麼會有這種結果？赫許費爾德推測，選擇金錢的人更可能過於關注自己沒有足夠的金錢。選擇家庭時光而不是金錢的人，則更關注他們如何使用時間，希望將時間用於自己想要的事物，而不是需要的事物（例如培養嗜好或完成家事）。他們更希望將時間用於與他人相處，而不是獨處。

思考上述關於幸福的各種觀點時，讀者也應該考量在多階段的生活中，你在不同階段都有機會建立各種資源。培養這個思維很重要，因為你有機會將資源轉移至人生稍後的時期。其中一個資源當然就是金錢，但金錢不會永遠都是主要資源。在人生之中，可能會出現某些關鍵的時間點，此時提高未來退休金的最佳方式不是儲蓄更多錢，而是將金錢和時間投資在學習與教育。或者重新將未來的時間分配至現在，維繫並建立友誼。

在更長壽的人生中，達成財務安全確實是重要目標，但其他活動的回報（例如追求人生目標、積極社交、保持健康以及建立良好關係）也必須納入考量。我們應該小心警惕自己，避免在其他活動中付出的時間不足，破壞了未來自我的發展可能，正如我們也必須專注保持財務安全。換言之，重點在於你的財務計畫不應決定你的人生敘事，而是你的人生敘事決定你的財務計畫。

你的人生敘事

描繪可能的自我

我們的起點是「可能的自我」的一般描繪方式，然後思考湯姆的人生發展——湯姆面前的可能道路，以及他面對的各種選項。進行同樣思考，可能對讀者而言也很有價值——請想像你眼前可能的未來發展道路，然後思考各種假設與問題。

檢驗自己的重要假設

請讀者留意，長壽人生、科技發展以及社會變遷，都要求你發展一種新的人生敘事，其基礎已經不是過去的假設。

新的人生敘事更長久，且包含更多片段，也有各種排列的方式。你的職業發展亦將延長，且倏然結束的風險也會更大。

職業發展可能會倏然結束嗎？在稍早對於科技創新的討論中，我們提到湯姆和瑛的職業發展受到自動化的影響，確實可能會倏然結束。你描繪的未來發展路徑倏然結束的可能性為何？如果此事發生，你現在發展的平臺是否足夠寬闊，讓你可採用其他路徑？

思維是否過於受限狹隘？你是否能選擇自己並未考慮的選項，或者有更充裕的選項？你是否可以更勇敢，採用更實驗性的方法？你的人際關係網路是否過於受限狹隘？你能夠考慮的實驗性方法愈多，能夠藉由探索的過程以面對未來的程度就愈高。

對年齡的假設是否錯誤？請觀察你正在思考的人生路徑，以及你描述的人生階段。你是否不小心對自己未來的年紀和老化過程產生錯誤假設？你的假設是否過度基於實際年齡？你是否過早限縮自己的選項，可能陷入「過早衰老」（old before your time）的危機？

是否考慮到制度變遷？你的未來人生敘事，將無可避免地錨定在你的現在與過去經驗。制度是你的未來敘事架構，而制度可能產生重大改變，例如公司文化、教育機會以及政府政策。我們將會在本書第三部探討這種類型的制度變遷，你在思考未來的可能路徑時，也必須將制度變遷納入考量。

思考時間分配

時間是你最珍貴的資產，如何睿智地使用時間也至關重要。

可以重新分配時間嗎？思考所有可能路徑，以及各個路徑的階段，你能不能重新安排各個階段的活動，獲得更多時間？舉例而言，與其將所有活動集中在同一個階段，你可以將各個活動分解為更短的時間，用更平均的方式重新分配至生命敘事的整體路徑。

分配時間的基礎是什麼？你思考生命路徑的所有階段時，也要考量每種時間分配方式的基礎動力。舉例而言，你分配時間的目標是賺錢、增強專業技能，或與家人和朋友相處？這是正確的時間分配方式嗎？你必須思考各種路徑是否導致可能危害未來自我的風險。

最後，請記得你的生命敘事是重複回歸的，意思是你今天採取的行動，將決定你的發揮平臺及未來的選項。這是一種強烈反對命運決定論的主張：在任何時間點，你都可採取正面積極的行動，形塑自己的未來。

第四章

探索：學習和轉變

德州街頭第一次出現自動駕駛汽車的景象是一則值得注意的新聞，湯姆也因此獲得明確警訊，必須重新思考自己的卡車司機工作前景。不過還有許多科技創新並未引起我們注意，且科技發展日新月異，並一再拓展人們想像的極限。這就是瑛面對的情況。湯姆第一次看見自動駕駛汽車時，他看見了未來，但瑛不曾看見未來。然而隨著時間經過，瑛工作裡的關鍵任務已逐漸被自動化取代。

面對自己成為冗員的情況，瑛現在被迫探索以及學習新的事物。瑛可以選擇許多路徑，而每條路徑都會產生不同的「可能自我」。瑛需要探索，找到自己的喜好以及一條路徑，引導她前往自己選擇的未來自我。她知道轉變不易，尤其是因為自己突然成為冗員而倍感驚嚇時，想要踏上嶄新未知的路確實相當艱難。

弘樹也在探索。他的父親當年並未完成大學學業，而是在一間大公司任職迄今——父親的人生是典型的三階段，接受教育、求職工作，然後屆齡退休。然而弘樹展望未來六十年的職業發展生涯，他不確定自己想要走上同樣道路。弘樹和瑛一樣，想要花時間探索，盤點自己有什麼選擇，認識自己擅長的領域，然候找到自己的喜愛。

弘樹父親的三階段人生幾乎沒有探索和轉變的機會。對父親而言，學習是屬於人生第一個階段的事，因此希望學習的成果可成為穩定職業發展生涯的基礎。父親相信，探索不只是不需要的行動，也可能造成潛在的劣勢。確實，如果弘樹的父親膽敢打破與同儕之間的同步發展，公司將用質疑眼光看待他。但弘樹已經明白，上述的各種思維正迅速變遷，擁有更多變化的多階段人生發展也正在浮現。有些人主動選擇改變（弘樹希望自己可以如此），有些人則是被迫改變（正如瑛的下一步）。

探索與發現

我們可以使用稍早提到的可能路徑發展圖像，想像弘樹的選擇與選項。請記得圖像

圖4-1 弘樹的人生故事

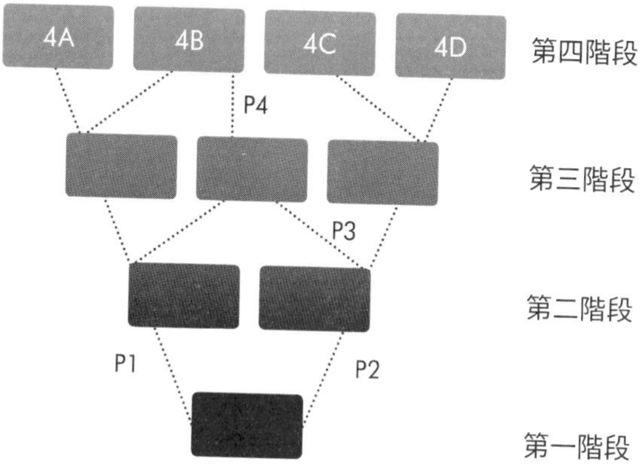

中有可能的自我（以線段表示），競爭力、專業技能以及人際網路的平臺（以水平線表示），還有各種不同的階段，展現可能的方向改變。在圖4-1，我們展現弘樹眼前的可能方向。他目前所在之處是第一階段，他覺得自己可以追尋父親的道路（P2），或者探索較不尋常的路徑（P1）。

選項的價值

父親希望弘樹可以追尋自己的腳步，加入任職公司的管理階層訓練計畫。但是弘樹更期待親眼看看P1路徑：他喜歡旅行，或許自由接案工作可成為支持自己的財務基礎；他對食物和體適能訓練很有興趣，也有發展小型個人事業的想法。他不確定這條道路的結果，但是在追尋任何特定的路徑之前，他希望可以更了解自己。他擔心，如果現在沒有足夠勇氣自立開闢新的道路，在五年或十年間就會錯失機會。

想像弘樹可採用我們在上一章描述的鳥瞰視野來觀看時間（第九十一頁圖3-4）。這個視角代表弘樹能夠觀看整體的人生，而不是讓「現在」處於主導地位。弘樹從這個觀點展望未來，他的擔憂就是在父親任職的公司上班，將會封閉其他未來自我的可能選項。他觀察眼前漫長的人生，希望能夠仔細試驗，釐清適合自己的選項。但就像許多和他同年紀的人一樣，弘樹面臨的挑戰是不知道自己真正想要的是什麼。但他知道，他首先必須仔細評估是否應該追尋父親的腳步。他想要找到適合自己的選項並且加以投資；他不希望單純地拒絕所有可能。

從某個角度而言，弘樹正在體驗麻州克拉克大學的心理學教授傑佛瑞·亞奈特（Jeffrey Arnett）所提出的「成年湧現」（emerging adulthood）狀態。[1] 弘樹已經不是孩子了，但他還沒有達成父親在同樣年紀時所下定的決心。在過去，二十多歲曾是建立一切、成家立業的年紀；現在則是為了多階段的職業發展與更長久的人生，建立基礎專業技能與平臺的年紀。

弘樹的未來發展路徑以及路徑中的選項，其寬闊和多樣的程度令人驚訝。展望未來，職業發展生涯將無可避免地延長，而離職的速度也會變得更快。這個趨勢也代表弘樹應該考慮的可能未來自我組合，遠大於父親曾面對的選擇。這個前景令人感到振奮，因為眼前的選擇是如此多樣，所以弘樹不認為自己必須急著選定一條特定路徑。他的父親只體驗過兩次轉變：從教育轉變為工作，再從工作轉變為退休，而每一次的轉變，父親都與他的同儕同步發展。對弘樹而言，若想擺脫同步化就需要嘗試更多試驗——這也是弘樹與父親關係緊張的原因。

請讀者想像一下弘樹決定採取路徑P1，其中一部分的行動就是花時間學習另一種語言。他決定前往巴黎一年，並在朋友經營的日式餐廳工作，一邊全心投入學習法文。他也註冊參加線上語言學習課程，在早上和一群同樣來自日本的朋友上另一門語言課。他很有動力學習新語言，也藉此打造更堅強的平臺以因應第二階段。他的決心讓自己擁有更廣泛的選擇，以及創造多元的可能路徑：在其中一個路徑，到了第四階段弘樹善用自己的語言技能在巴黎找到工作，任職於一間正要進行擴張的跨國運動品牌，後來弘樹自己也成為一位連續創業家（serial entrepreneur，此時是4B階段）。或者弘樹一樣採取路徑P1，在第二階段時選擇另一個路徑，建立語言技能與人際關係網路平臺，有利自己創立一間小公司，專門將法國的起司和紅酒出口至日本（第四階段4A）。當然，弘樹在目前的階段還不知道自己的目標——上述情況都只是未來的可能選項，所以他非常珍惜探索的價值。即使只是短暫的片刻，只要從事某個目標以幫助拓展弘樹的選擇，協助他理解自己在每個路徑中所得到的喜悅，就有明確的價值。

如果弘樹追尋父親的腳步採用P2路徑，就會出現不同的選項組合。加入父親任職的公司，不代表弘樹在往後的職業發展生涯也要完全效法父親，他還有其他選擇。例如參加公司提供的訓練計畫，弘樹將學習到有用的專業技能，拓展自己的經驗。於是弘樹將可以轉換跑道，加入一間較小型的新創公司（P3路徑），過了一段時間後，他將能夠創造一個充滿知識的平臺，並且在金融專業面上非常厲害的人才協助下創立自己的公司（P4路徑）。這個路徑提供另外一個方向，而不是在第四階段4B成為一位連續創業家。

弘樹眼前的人生更長久，所以他能夠採取不同路徑，最後抵達相同階段，但這也代表他必須謹慎思考自己的起點。如果採取P1路徑，他就會開創一條路線，在第四階段擁有多個選擇（4A與4B），但沒有4C（在職涯的初始加入一間日本企業，並成為該公司總經理）。採取P2路徑，弘樹可選擇4B或4C，但沒有4A。關鍵在於弘樹在每個階段做出決策時，判斷自己可以失去什麼，可以承擔何種風險，以及稍後轉換路徑的難易程度。如果弘樹關注的不只是目前的想法，也考量未來的自我，決策就會變得更複雜。

弘樹堅持自我選擇的重要性，使父親非常難以理解。父親確實能夠明白弘樹想成為創業家的渴望，但擔心這個選擇只有微小的成功機率，且風險非常高。他們家族中沒有任何一位創業家，也沒有廣闊的人際網路，因此父親很難想像弘樹需要付出的努力以及往後的成就。弘樹說自己不想在父親任職的公司工作，因為以後可能想追求其他目標，或者可能先在公司工作一陣子然後追求其他目標。父親無法理解其中的思考邏輯，弘樹的思維與父親當初成功建立職業生涯的奉獻和堅持不同。對弘樹的父親而言，P2路徑的吸引力在於明確且踏實，但弘樹擔憂的，正是如此。

活到老，學到老

湯姆、瑛、艾絲黛爾以及弘樹都開始明白，如果他們希望建立更長久的職業生涯，讓他們可以探索各種轉變，就必須保持學習。這代表他們必須找到往後想從事的目標，學習如何達成目標，並學習需要的專業技能。在三階段人生中，學習原本是第一階段的任務；**在多階段的人生中，學習是一種選擇**。如果他們沒有把握學習機會，也沒有任何制度可強迫他們學習。

這個現象當然讓活到老、學到老是更有潛在價值的目標——但也是更有潛在難度的目標。企業、政府以及教育系統其實有各種方式可發揮創新，支持成人學習——我們將在第三部探討其中一些解決方式。但最根本的關鍵其實是你自己想不想這麼做。

請重新思考你的孩童時期，你或許會記得學習很容易，也會意識到自己活著就是要學習。你在幼兒園讀書，時間都用於學習，一旦回到家中父母身邊，他們也毫無疑問地用自己的方式教導你。在這段時間，學習就是你的主要優先活動，是一種非常自然的學習狀態。當然回首過去，你可能已經忘記學習也可以是一件艱難的事。用社會學家厄文．高夫曼（Erving Goffman）的話來說：「每個人現在能夠輕易完成的絕大多數行為，對個人而言都曾經在某個時刻需要付出非常可觀的努力。走路、過馬路、說出一個完整句子、穿上長褲、綁鞋帶，增加一個欄位的數字——上述所有常態活動，雖然我們現在可以不假思索地完成，但卻必須經歷獲得能力的過程，而在這段過程的早期階段，其實令人提心吊膽。」[2]

成人學習與孩童時代的學習經驗截然不同。瑛或弘樹開始學習時，即使他們可能想找到孩童時代學習的興奮感受，但他們生活的脈絡已經完全不同。還是孩子的時候，他們並未感受到一種巨大轉變，也不需要對自己的職志做出重大決策。孩童時代的學習其實占據所有時間，也是日後培育專注力和熱情的主要來源。孩童時代的學習也有必須自行判斷的時刻，但大多數時候都是依循一條歷史悠久的道路，仰賴久經考驗的學習方法。

在成人學習中，情況鮮少如此。你可以自主學習，或者與一群朋友或團體共同學習，彷彿學習是自己的選擇——你選擇學習，而不是拒絕學習。成人學習不像「讓陌生的事物變得熟悉」的狀況，而是更貼近於「讓熟悉的事物變得陌生」。「捨棄、放棄」(unlearn)原本的習慣與思維方式，與學習新的技能與習慣，都是成人學習的重點。成年學習的背景脈絡也可能非常艱困——就像瑛，你可能正在面對巨大壓力，例如失去工作，或被迫進行轉變時才開始成人學習。或者像艾絲黛爾，你努力學習如何適應生活，但早已承受生活的所有責任。因此成人學習其實毫不令人意外地充滿挑戰，需要勇氣、知識，而且通常必須訴諸情緒。

在任何年紀都要學習

五十多歲的瑛思考下一步時，知道自己必須提高專業技能的水準，學習更複雜的會計工作，或重新學習其他完全不同類型工作的基礎技能。瑛非常清楚，她將在人生的晚期開始學習，也因此無可避免地必須面對其他人對年齡和學習的刻板印象。她還要處理自我內心的刻板印象與假設——思考自己到底有沒有足夠的認知能力與情感能力，來學習新的技能，以支持她的職涯轉變。

亞里斯多德提出一種生動的說法，描述人類心靈的僵化情況。他認為，新生兒的頭腦溫熱柔軟就像熱蠟，這種可塑性讓學習變得容易。隨著年紀增長，原本的熱蠟開始硬化，愈來愈難塑型，這相當符合瑛內心所想像的情景。不過即使亞里斯多德提出的情境很有說服力，依然是不正確的。近年來探討人類大腦吸收能力的研究發現，大腦的「可塑性」遠超過亞里斯多德的想像。換言之瑛大可放心，因為在任何年紀都能繼續學習。

神經科學家用「神經可塑性」（neuroplasticity）的概念，來表達人類大腦的可塑性——神經可塑性將人類大腦形容為有彈性的肌肉，只要適度訓練與使用，就能恢復過往能力。如果瑛可以設置學習目標，讓自己經常參與有挑戰性的陌生活動，就是非常睿智的進步方法。正如德州大學達拉斯分校心理學教授丹尼絲·帕克（Denise Park）強調：「如果你待在舒適圈，代表你現在的位置可能無法讓自己變得更好。」換言之老狗變不出新把戲的真正理由，不是因為狗變老了，而是因為狗沒有繼續學習新把戲。

瑛可能也要考慮另一個現象，那就是隨著年齡增長，不只是大腦依然能夠保持學習彈性，其他類型的智慧也會變得更出色。特別是年齡增長讓我們有機會發展「晶體智力」（crystallised intelligence，又譯為固定智力）。晶體智力是經過時間累積的資訊、知識、智慧以及策略，與「流質智力」（fluid intelligence，又譯為流動智力）相對，而流質智力則是處理資訊、使用記憶能力，以及推論思辨的能力。已有證據顯示，隨著人的一生經過，不同的心智能力將產生相對強度的持續變化。[3] 在青少年時代晚期，你或許可以迅速計算數字或找出規律；在三十歲時，你的短期記憶能力達到高峰；在四十歲或五十歲，你擁有最好的社會理解能力。哈佛大學醫學院的蘿拉．傑曼（Laura Germine）以及波士頓大學的喬書亞．哈斯霍恩（Joshua Hartshorne）在研究中提出這個結論：「在人生的任何一個年紀，你的某些能力正在變好，而另外一些能力開始衰弱，還有一些能力則處於高原期。可能沒有任何一個年紀可讓你大多數的能力達到巔峰，更不可能是全部的能力。」[4]

如何進行成人學習

二〇一七年，古馳（Gucci）全球多數廣告使用的插畫，都出自一位二十七歲西班牙藝術家暨插畫家伊格納西．穆內爾（Ignasi Monreal）之手。伊格納西使用電腦和數位平板裝置，一天工作十四個小時，在八個月內替古馳創作超過一百五十張作品。伊格納西曾將時間投資於攻讀兩個學位，但他的數位藝術創作技巧並非來自學位。「我看YouTube學的，網站上有各式各樣的教學。我也用YouTube學習圖像設計。」他解釋：「我不會說自己是一位攝影師，但我想繼續學習如何使用鏡頭，所以我看影片，直到自己真的學會了……你要很有耐心，倘若你真的有耐心，YouTube就是免費的教育資源，雖然不是非常專業，但如果你想學習某個知識，用YouTube就能達成目標。」[5] 伊格納西的行為就是改變學習的基礎，從以學位為主的課程，移轉至因為科技進步而實現的自我學習，而且甚至實現了具體的求職目標。

提供成人教育是發展迅速的產業——正如我們將在第七章〈教育領域該如何革新〉中所說——且創造更多內容以及更多的合作關係，而這種發展的其中一個面向就是線上資源與課程大量增加，讓我們擁有學習新專業技能的平臺。瑛必須確定自己能善用大多數的新契機，就像伊格納西．穆內爾，提升專注力，並鼓起學習勇氣。拉德西卡每星期都會上網學習以強化自己現有的技能，她也能夠藉此拓展學習方向，找到可能有興趣鑽研的新技能。弘樹也可以藉由加入熱愛起司的網路社群，吸收關於法國起司的知識。

但是成年學習需要的，不只是登入網頁或下載應用程式，也攸關創造良好的工作和家庭環境，能支持你探索、學習，並且轉變。

正如神經科學所示，學習的起點是健康的大腦，能夠吸收並學習新事物。研究發現，人類大腦從事高等活動的能力（如學習、產生直覺以及提出創意），受到感覺和情緒的深刻影響。[6]如果你覺得非常焦慮或很有壓力，大腦的改變和學習能力也會呈現嚴重衰退。[7]這個現象造成嚴峻的挑戰，因為許多工作的部分內容就是應對職業焦慮和壓力。以英國為例，英國人一年請假將近七千萬天，而心理健康不適（如焦慮、憂鬱以及與壓力相關的症狀）就是造成請病假的頭號原因。[8]世界衛生組織也預測，到了二〇三〇年憂鬱症就會成為主要的健康負擔。[9]如果工作讓你感到焦慮（可能是覺得自己遭受不公平對待，或擔心失去工作），你很有可能無法學習。這個情況造成轉變的潛在矛盾。例如瑛的例子，轉變，特別是被迫的轉變，都是在最需要學習的時刻，而矛盾的是人們也可能在這時期感受到最大的焦慮和壓力。

能否妥善處理這個矛盾將會非常關鍵。其中一個方法就是確保對自己學習的目標保持興趣和熱情，用追求目標的前提來平衡焦慮。按照心理學家的說法，如果你獲得「內在動機」，就能得到最好的學習效果。「內在動機」就是你發現學習的主題很迷人，而且對該主題保持好奇心。瑛已經知道往後在學習何種知識時，如果目標是真正感興趣的主題，就很有可能成功。

大多數人都在工作時學習。有許多方法可顯著拓展一份工作的學習潛能，例如把握機會在不同職位和地點工作；接受臨時調任，讓自己能暫時在其他部門服務；參與和日常工作完全不同的特殊專案計畫。我們可重新設計工作內容，創造更多自主性，控制你在何處、何時以及用何種方法工作。正如羅徹斯特大學（University of Rochester）的艾德華·迪西（Edward Deci）以及理察·萊恩（Richard Ryan）的研究發現[10]，能夠在工作時擁有自主性是非常珍貴的資源，事實上許多人認為自主性的價值勝過工作的其他好處，例如薪資。自主性也有助人類大腦保持健康，擁有自主性的人通常心理壓力較低，更不容易感受疲勞之苦。

在更長久的人生，你需要謹慎思考自己要如何運用休閒時間——從純粹的娛樂（recreation）轉變為再創造（re-creation）。正如近年來的調查報告指出，已經有超過半數的人，在職場之外的地點獲得專業技能的提升，如在傍晚以及周末的生活。[11]想要獲得個人成長，動機和付出是關鍵，無論是觀賞TED演講、從YouTube學習、收聽podcast節目，或參加線上課程。

你的環境、物理空間以及生活社群，也會影響學習方法和內容。以拉德西卡為例，這就是一個關鍵問題，她沒有任職公司能提供的學習脈絡，包括指引和支持、指導和資助、諮詢和社群支持。她的工作非常不穩定，就像反應非常敏感的雲霄飛車，可能會讓她的專業技能在一瞬間從價值連城到直接淘汰出局。學習這件事，可說完全是拉德西卡個人的責任。由於她選擇不在大公司任職，她必須更努力付出以建立專業聲望，並建構擁有導師和模範人物的人際網路。

拉德西卡可以先踏出第一步，不再獨自生活在自己的小公寓，而是加入共享工作空間（co-working space），就能將孤立的時間轉換為與他人相處的時間。她有很多選擇，因為在大多數城市，共享工作空間已經變得熱門。二〇〇七年時，美國只有大約十四個共享工作空間，共享辦公室在印度更是前所未聞的概念。時至今日，全球已有超過三萬五千個共享工作空間，光是在印度就有八百五十個，替全球超過二百二十萬人提供工作空間。

拉德西卡還能夠將住宅轉變為學習空間。歐洲工商管理學院（INSEAD）行為組織學教授蔣皮耶羅．皮特里耶里（Gianpiero Petriglieri）與共同研究者一起探索自由接案工作者的生活時發現，自由工作者創造的工作空間，通常都會使他們免於接觸會分散注意力的事物，並打造成讓自己舒服的場域。[12] 蔣皮耶羅．皮特里耶里發現這種空間都有相似處：幾乎接近幽閉狀態；工作必須使用的各種器具都非常容易取得；只專門用來工作，只要每天的工作完成後通常就不再使用。雖然有各種共同特質，但每個自由接案工作者的工作場所都是獨特的，地點、家具擺設、文具用品以及裝飾，都反映出一位接案工作者職業的特殊性質。

拉德西卡非常細心地在家中設置一個場域，她可以在其中工作與學習。其他人的做法不是設置一個用於學習的「家」，而是選擇學習的「場域」。正如多倫多大學的管理學者理察．佛羅里達（Richard Florida）所說，按照是用來專心，或提升學習、探索以及創意等能力的目的性之不同，工作場域之間其實差異甚多。[13]佛羅里達的研究起點是檢視送出專利申請的工作場域，分析基礎則是專利與創意之間的正相關性。他將自己的發現稱為「群集」（cluster）——也就是讓創意和創新茁壯成長，而且能夠進行豐富知識交流的場域。這種地點有許多共通性，且都以科技為基礎——可能是實際的科技機構，或擁有堅強的科技基礎設施，能讓溝通顯得輕鬆又流暢。這種場域經常可以包容多元性，因此各類型的人——依照生活風格的選擇、性傾向以及國籍的差異，都能舒適地在此相聚。這種場域就像一個如咖啡廳、畫廊或是沙龍的公共空間，營造出一種舒適的環境，讓每個人都樂於停留，而且能輕鬆找到與彼此相似的人。對拉德西卡這樣的自由接案工作者而言，這種開放包容的空間，足以在學習及建立身分認同感時，扮演相當重要的角色。

學習如何嘗試轉變

弘樹的生命規畫概略圖（第一三三頁圖4-1）展現更長久的、多階段的人生，與更多轉變。為打造這條人生道路，弘樹的目標必須專注在創造學習人生，讓他可以隨著科技重新定義工作的意義與職業的特質時，提升專業技能以及學習新技能。也就是說，學習如何用最好的方式嘗試轉變，很快就會成為如何度過長壽人生的關鍵技能。

倫敦商學院組織行為學教授艾米妮亞．伊貝拉（Herminia Ibarra）認為，雖然所有的轉變都是獨特的，但其實有著共同因素[14]：轉變很少是輕鬆的，對大多數人而言，轉變的起點都是恐懼。正如伊貝拉的觀察，無論各種轉變之間有多少共同之處，沒有人已經找到避免轉變造成動盪的方法。

其中一部分原因在於，發生在工作或私人生活的轉變都會無可避免地造成**個人身分**的移轉。你的行為，別人看待你的眼光，以及你如何認知自己的方式，全部都會改變。瑛已經開始發現轉變造成的影響。她原本任職的公司給她六個月時間，讓她尋找其他工作。她一開始的想法是在另一間會計事務所負責相似的工作，或是成為自由接案會計師。但是她逐漸思考這條路之後，發現上述選擇只是原有身分認同產生細微的變化。她開始好奇其他可能的路徑能不能讓自己覺得振奮，並創造完全不同的身分認同。

瑛深入思考過去幾年待在會計師事務所的經驗時，發現她個人因為工作輔導教練（work coach）而獲益良多，教練協助她面對擔任經理時的種種問題。或許，瑛也可以轉型成一位工作輔導教練。這是一個重大決定，展望未來，如果瑛想要成功，她必須經歷數個階段的努力。追求擁有新專業技能與身分認同的轉型，一定需要經歷探索和研究的時期，隨後的時期則是下定決心。[15] 兩段時期都可能使人心神不寧。藉由探索，瑛可能會讓自己進入陌生情境，見到自己原本不熟悉的人；而下定決心追求未來的發展路徑，則會讓瑛離開過去曾經有競爭力與自信心的領域。

探索

一開始，瑛只是隨意瀏覽與工作輔導教練相關的專業雜誌，她看見周末輔導課程的廣告後便決定參加。瑛並未完全探索自己的選項，或請教其他人對課程的意見，所以結果令她非常失望。一番省思之後，她知道自己之所以選擇上課，是因為她並非真正下定決心去改變，她只是假裝想成為一位工作輔導教練。如果想真正地探索可能性，她必須更主動。

在與過去的工作輔導教練談過之後，瑛開始思考是否要擔任志工，專責輔導處於劣勢的青少年。她可以在公司提供的期限中保持全職工作，並且在傍晚教導兩堂輔導課程。短短幾星期之後，瑛已經知道自己還有許多需要學習之處。她和其他志工教練交流經驗，發現新的人際網路可提供許多建議、探討她面對的問題，並仔細衡量自己現有的經驗。瑛也發覺，有些志工教練都曾經參加過一門在傍晚舉行的教練課，她立刻報名參加下個梯次。這段時間瑛非常忙碌，將離職前最後的工作做完，晚上繼續進行無償性質的教練工作。瑛依然還停留在舊的路徑，但也藉由業外的個人計畫，探索新的發展路徑。

瑛還沒有下定決心要追求新的職業生涯。在隨後的四個月，瑛開始累積經驗，從學員的回應中學習與成長，讓她更深刻地思考以工作輔導教練作為下一份能謀生的工作。這不是一個簡單輕鬆的想法，不再只是一種業外個人計畫，而是更進一步地下定決心，準備成為一位合格的專業工作輔導教練。這個決定代表瑛必須捨棄會計師的身分認同，且她的價值將會受到另一套嶄新的標準來判斷。

下定決心付出

在六個月的時間之內，瑛完成離職前的最後工作，然後報名參加一年的兼職工作輔導教練訓練計畫。她的存款可以支付房屋貸款，但她還是決定先用自由工作者身分承接會計業務，藉此填補日常生活支出。目前的情況不是瑛最後的目標，但她已經建立下一個人生階段的平臺，準備好從舊的路徑移轉至新的路徑。瑛也加入了前公司離職員工所組成的社交圈，他們立刻讓瑛參與正在從事的幾項簿記專案計畫。

瑛滿心歡喜地開始新的人生，但很快就遭遇到挫折，因為一位同是工作輔導教練的同事對她的輔導技巧提出一些負面回饋。情況比瑛想像得更艱難，她想念原工作的熟悉度，以及辦公室同事的同志情感，她現在從事的自由接案工作壓力很大，而且無法發揮她大多數的專業技能。支持她撐過這段艱困期間的，其實是與她一起接受訓練的團體。許多人都有相同感覺，他們彼此支持以度過課程時間。探討成年學習的研究指出，以同儕為基礎的「實務社群」[16]可以發揮關鍵的影響力。

轉換人際網路

隨著時間經過，瑛開始用更多時間與工作輔導教練的社群相處，與原本的工作同仁相處時間也愈來愈少。她的人際網路正在轉換。艾米妮亞．伊貝拉認為，轉換人際網路是所有成功轉型的跡象。在隨後的一年，如果有人問瑛：「妳做什麼工作？」她已經很少回答：「我是一位會計師」，反而更常說：「我是一名工作輔導教練」，或者「我正在學習如何成為一名工作輔導教練」。就像許多正在經歷轉變的人，瑛開始思考什麼對自己才是重要的，並反思自己的價值、優先事項以及熱情。價值的問題對瑛特別重要——擔任工作輔導教練的收入更少，但她相信這個工作給她的一切，超過金錢的損失。

起初，失去工作導致的現狀讓瑛很不適應，但她也開始覺得，成為工作輔導教練就是她應該做出的選擇。隨後她進入一段轉變期，進行各種體驗——參與業外計畫、利用假期參與周末課程、報名為期更長的課程，從中吸取更多關於這個工作的認識。就在完成上述的步驟之後，瑛終於下定決心，而這個過程也讓她思考自己的價值與付出。

探索新的轉變

所有轉變都會引發一定形式的探索，科技發展和長壽人生的衝擊，也代表生活必定會有更多轉變。但重點不是更多轉變，而是在不同的生命階段，都會有新的轉變。

老舊的轉變——從接受教育的階段轉變至工作，或者從最後一份工作轉變至退休——社會習俗已經給了指引，讓我們更容易應對。隨著三階段的人生逐漸轉變為多階段的人生，新型態的轉變也缺乏社會習俗和探索的提示。因此，社會創新其實有著非常真實而且急迫的需求，必須處理各種議題，而這些議題來自原本採用三階段人生的社會，導致我們在移轉至多階段人生時，陷入掙扎。

弘樹正在探索一種新的轉變，他投資面對成年時的各種必要選項，而不是效法父親在同樣年紀就下定決心開始自己的職業生涯。這不會是弘樹唯一一次體驗的新轉變。我們也預期，弘樹為了保持自己的生產力，重新思考並重新投資自己時，也會面對中年轉變；到了人生晚年階段，弘樹將在七十歲和八十歲時，因為專注思考如何用正面積極的方式變老，而再度面對新的轉變。

中年轉變：保持生產力

在三階段人生中，三十歲和四十歲通常是付出的時期：工作很艱難，也充滿挑戰；還要扶養家庭並照顧年邁的父母。雖然這個階段確實令人享受，但研究結果相繼提出「幸福曲線」：在人生的這個階段，幸福感通常會逐漸衰退。[17] 我們稱處在這個階段的人們是

「三明治世代」，夾在孩子的需求、工作的責任以及老邁的雙親之間。

上述壓力看似無可避免，特別是在三階段人生的脈絡中，但事實上所謂的「中年危機」一詞，其實是心理學家艾利略特・賈克斯（Elliott Jaques）在一九六五年時首次提出。就像「青少年」概念的出現，中年危機其實是一種社會現象，由於預期壽命增加而逐漸變得明顯。

隨著人生變得更長久，我們也能夠使用多階段人生創造的契機，重新分配時間，並舒緩壓力。事實上，也許「中年危機」的概念會消失，被「**中年再造**」取代。再造可能是財務的——累積足夠金錢，在未來的十至十五年間，可能暫時不工作六個月，甚至用一年時間學習新的專業技能，或者選擇與家人相處，或者投身社群活動。這個機會也能夠用於探索——尋找我們有興趣的嗜好或活動，成為下一段職業生涯的基礎；或者重新找回活力——與伴侶進行深刻的對話，並規畫未來。

唯有無法轉變並建立新的未來，中年人生才是一場危機。社會服務組織「安可組織」(Encore.org）執行長馬克・費里曼（Marc Freedman）相信，人生沒有中年危機，只有中年時期的缺口（chasm）。因為現在的社會缺乏習俗與支持，無法協助人們面對中年時期的轉變。為面對更長久的人生，我們必須期待社會產生改變。社會先鋒已經開始領導潮流——更多人也做好準備，即將重新創造自己的生活，因此教育系統和勞動市場必須改變，才能支持他們。於是，中年生活將不會被視為一場危機，而是重新創造生活和改變生活方向的契機。

轉變也讓保持更久的生產力變得更重要。已經有愈來愈多長者延長職涯。二〇一七年，在超過七十五歲的美國人之中，大約有十二分之一繼續保持受薪工作。確實，從一九九八年開始，美國的勞工增加二千二百萬名——其中將近二千萬人的年紀超過五十五歲。

但轉變並非如此單純。有些人確實可以保有更長久的工作生活，但是整體的勞動市場對年長的工作者而言，依然非常艱困。正如下頁圖4-2所示，在美國，從四十五歲開始，就有人放棄受薪工作；到了五十四歲，放棄受薪工作的比例急速增加。有些人是因為個人的選擇而離開工作，他們覺得財務狀況非常健全，可能也不喜歡自己的工作，於是決定在國家規定的退休年齡到達前就退休。但也有許多人並非自願放棄受薪工作。有些人放棄的原因是健康問題，雖然許多人可以享有健康的長壽人生，但依然有常見的生病風險。

非自願離開工作的人（通常是他們任職的公司做出這個決定），公司可能是為了節

圖 4-2 美國勞動參與比例，2017 年

來源：美國勞動統計局

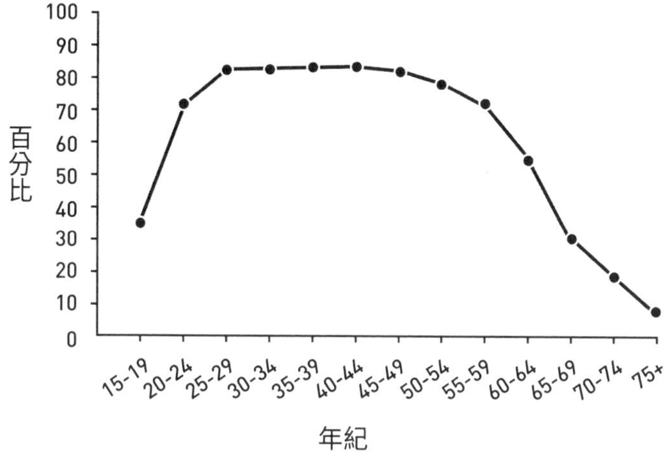

省成本或精簡人事，所以第一步就是減少較年長（且通常薪資較高）的員工人數，這也是瑛所面臨的。由於較年長的員工失去工作後想要再度就業的難度較高，因此面臨的情況也就變得更艱難。

一份研究探討年齡對就業的影響，也證明企業對較年長工作者的不友善。[18] 研究團隊送出四萬份虛構履歷，想要爭取各種範圍的工作職位，包括行政人員、雜務工、業務員以及保全。所有履歷內容都完全一樣，除了一個資訊：申請人的**年紀**。各家企業的回應方式呈現明確的年齡歧視：在二十九歲至三十一歲的應徵履歷中，有百分之十九獲得面試邀請；到了四十九至五十一歲則下降至百

分之十五；六十四歲至六十六歲之間，只有百分之十二的面試邀請。另一份研究也支持相同結論：超過六十二歲、擁有大學學歷的人，失業後只有百分之五十的機率可再度就業；但是二十五歲至三十九歲的人，則有超過百分之八十的機率可重新就業。[19] 許多更年長的勞工最後放棄找工作，並永遠退出勞動市場，其實不令人意外。美國二〇一七年的數據顯示，在超過五十五歲的人當中，有三分之一失業後必須用超過六個月的時間找工作。[20]

上述現象的結果就是新的轉變出現了——我們過去曾經期待，應該在特定年齡就開始計畫即將到來的退休，現在則是必須積極增加自己的生產力。這種提高生產力的轉變基礎可以是提升專業技能——認真投資目前的技能；或重新學習另一個專業技能。

這個轉變的關鍵，就是讓大多數類型的智慧都能隨著年紀而變得更優秀——也就是鍛造晶體智力。這代表如果尋找工作的條件是晶體智力，而人工智慧能夠用更輕鬆的方式模仿人類的流質智力，擁有晶體智力在勞動市場將是一大優勢。將**自己的角色或工作職位轉換為使用晶體智力**，就是瑛轉型為工作輔導教練的目標。如果可以發揮自己的優點和經驗，瑛不只認為這是重返職場的最好機會，也能在發揮長處的工作中，享受最大樂趣。

圖 4-3 新創公司創業家的年齡

資料來源："Age and High-Growth Entrepreneurship" P. Azoulay, B. Jones, D.Kim, J, Miranda, NBER Working Paper, No. 24489, April, 2018

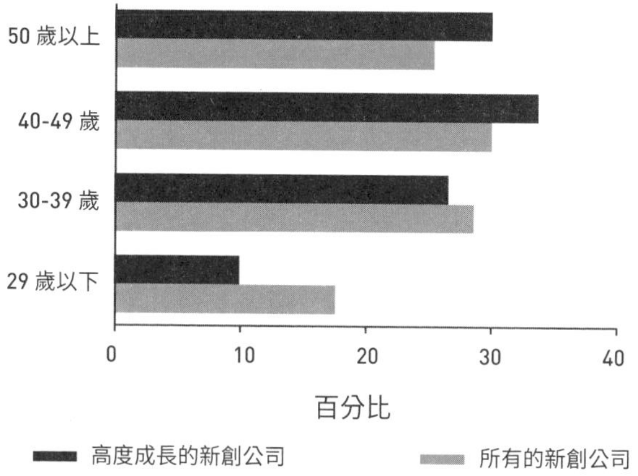

由於年長勞工面對企業的阻礙，也開創另一條轉變路徑——成為自雇者或創業。認為只有年輕人可以創業、建立公司，其實是一種年齡歧視。根據圖 4-3 所示，比起三十歲以下，五十歲以上的人更可能創業。更令人驚訝的數據指出，比起年輕創業家，超過五十歲的人創立的公司，更可能高度成長。[21]

有些人選擇在這個階段進行完全的轉變，通常是因為他們更著重在社會目標。所以《金融時報》記者露西．凱拉維（Lucy Kellaway）才會在五十八歲時，決定辭去地位崇高的工作，轉換跑道擔任學校教師。激勵凱拉維的想法是「我不可能是世上唯一一個五十多歲，想在世上最崇高的職業中重新開始職涯的人」，而她也創立了一家社會企業「現在開始教育」（Now Teach）。許多已經擁有成功職涯，現在想轉型於奉獻教育的人，都受到凱拉維的啟發。她相信「如果有些人想從事有意義的活動，卻被迫面對職業生涯末期，其實是浪費他們的天賦」。

「現在開始教育」專注於重要的轉變，從一種全職角色轉變為另一種全職角色，我們還有許多方法，能夠在不需要全職付出（或犧牲薪水）的條件中，依然參與有意義的社會目標。如果能保持更長久的工作生活以及參與社會活動，將有益於維持你的健康與幸福，在退休後尋找「安可」（encore）的機會是一個非常吸引人的想法。轉型雖然艱難，但將自己在某個領域學會的專業技能發揮在另一個領域，負擔確實比較小。確實，根據「安可組織」的資料，在凱拉維的年齡層中，將近百分之十的美國人已經決定開啟新的職涯，結合「熱情與目標，偶爾也能賺取薪資」。

晚年生活轉型：更積極正面的老化

在三階段的人生敘事中，從工作至退休，其實是非常劇烈的轉變。人類的預期壽命只有七十五歲時，第三階段的人生只有幾年休閒時光，隨後就是健康狀況惡化，然後迎來故事的結束。

對於像克里夫一樣的七十多歲人，他面對的新轉型非常有挑戰性，他必須善用眼前的歲月。相較於在這個年紀已經過世的父親，克里夫還有更長久的時間。事實上如果我們依照年紀通貨膨脹比例調整，現年七十一歲的克里夫，他還擁有的人生時光，等同於父親在六十歲時的剩餘人生。隨著愈來愈多人的壽命更長，克里夫這個年齡層中的成員生活也會變得愈來愈多元，但這不是一個非常容易理解的現象。正如哲學家瑪莎·納絲鮑恩（Martha Nussbaum）在一篇探討老化的論文中的深刻觀點，她認為各種老化故事的難處在於，幾乎沒有任何故事能依照不同的健康和行為方式，呈現人生老化的多樣性。[22]

有些人面對這種新轉變的方式，就是單純地繼續工作——擔任直接面對消費者的職位、支持相同年紀的消費者，或是任職於他們經由時間累積的晶體智力和經驗可發揮溢價效應的工作。在醫學、法律、學術研究以及其他專業領域，都已經有社會先鋒開始領導潮流，但人類的進步將會更進一步蔓延至更多領域，影響更多範圍的人。

雖然「復出工作」逐漸流行，但對大多數人而言，受薪工作在人生的重要性將逐漸遞減。由於預期壽命大幅增加，他們面對的轉變挑戰，必須更**展望未來**，並且做好準備，投資未來的可能自我。納絲鮑恩相信，展望未來的思考方式是老化的關鍵——我們思考的方向必須導向現在與未來。[23]她認為，如果總是回首過去，我們很有可能陷入一種危機，只能反覆循環記憶中的角色功能，也只有回顧過去的鄉愁或悔恨可讓我們產生活力。克里夫的睿智應對方式，就是享受現在的喜悅，並且用希望與期待，展望未來的生活。

這種展望未來的轉變方式，其實能夠效法弘樹正要進行的未來探索。克里夫與妻子也可以在實際進行人生轉型之前休息一年，好好探索這個世界，或與家人和老友團聚。他們不會孤單：以過去十五年的英國為例，超過六十五歲的人是旅行支出最高的年齡層。他們的旅行方式也不只是豪華遊艇之旅。在二〇一八年，超過六十五歲的年齡層在訂房網站 **Airbnb** 的使用率提高了百分之六十六。克里夫正在面對一個開拓的時刻——開拓自己的活動、人際網路、競爭力以及友誼。

隨著時間經過，新的社會結構與契機必須配合我們開拓的需求。正如納絲鮑恩強調的，如果只有一小部分的人可以活得更久，這些長壽者就會在社會中消失，被家庭生活吸收。但如果大多數人都可以活得更久，他們就會形成**關鍵的群眾**，能夠同時以個人和群體身分，探索更多元的選項。

克里夫已經開始探索更多元的選項：他加入步行足球隊（不需肢體碰撞和跑步的

足球運動）。步行足球真正吸引他的特質在於同志情感與競爭——他認為健身房是非常孤獨的運動體驗。雖然步行足球只是新興運動，但英國步行足球國家協會已經有四百三十四支登記的球隊，而且還正逐漸增加中，所以克里夫並不孤單。步行足球是一個好例子，能夠證明社會先鋒的集體行動正在創造新的社群，以支持不同的生活風格。

克里夫必須應對的挑戰，則是如何平衡突然出現的年輕感受，以及逐漸明白自己必須做好準備面對老化無可避免的風險。克里夫非常清楚，雖然他眼前的歲月比父親在這個年紀時更長久，但他希望自己能夠在這些歲月裡保持健康。他也知道自己必須承受往後的發展可能並非如此。克里夫必須仔細處理人生的晚年，在展望未來的熱情以及謹慎應對不好的結果中取得平衡。

為檢視人生結局扮演的角色，請讀者思考諾貝爾獎得主丹尼爾·康納曼與共同作者提出的一項研究報告。兩個參加實驗的團體將手浸入冰冷的水中（攝氏十四度）六十秒。第一個團體在六十秒後就停止泡水，第二個團體則是在水中多停留三十秒，再緩慢加溫至攝氏十五度。詢問受試者的偏好時，大多數人都選擇緩慢加溫。雖然第二個團體的不舒適體驗更長，但溫度在最後的相對改善，確實讓他們選擇接受在水中浸泡更久。換言之，正如作者群強調的：「最惡劣的體驗以及最後階段的感受，通常決定人類的評估方式。」[24] **美好人生的一部分就是美好的結局**。老年學家安德魯・艾爾德（Andrew Elder）則如此描述：「如果一個人知道自己會死，對大多數老年人而言，死亡的原因很重要，老年人最關心的就是他們死亡的方式與地點。」[25] 生命的結局，確實很重要。

隨著克里夫的年紀增長，他必須確定自己的財務安排得宜，在他缺乏體力與認知能力可親自管理時，也要有人能妥當處理。克里夫應該思索他希望在人生晚年時住在何處，他又希望參與哪些社群，以及想要和朋友與親人保持何種程度的距離？

在美國，由於愈來愈多人開始進入六十歲晚年和七十歲的人生，導致佛羅里達州的日出海岸出現過多退休人士的居住地帶。而造成這個現象的根本原因是三階段的人生敘事，於是，最後的「退休階段」也會很合理地座落在以年齡為區隔的社群。由於克里夫與同年齡層的人用更好的方式迎接老化，一個有趣的移轉現象便發生了。他們希望住在都市或城鎮，與其他世代的人有聯繫，用有意義的方式加入更廣大的社群。如何打造跨世代的生活環境，已逐漸成為都市規畫者的核心議題。

雖然人類預期壽命增加，但對生命的自然弧線認知依然保持原貌。史丹佛大學的蘿拉・卡斯騰森（Laura Carstensen）在「社會情緒選擇理論」（socioemotional selectivity）

提出生命的自然弧線。[26]她的觀察結果認為，隨著人的年紀增加，對未來的認知較封閉，而且注意力也會從展望未來與以未來為主，移轉至更強調當下的活動。這種移轉的原因其實不是年紀，而是因為內心有一種人生即將結束的感受。

這個移轉現象也協助我們解釋「老化的矛盾」——雖然害怕老化讓我們變得虛弱，且身體更容易受傷，但對許多人而言，**幸福的感受不會因老化而減少**，他們通常比中年時期更快樂。卡斯騰森認為，這是因為在人生最後的轉變階段，人們將注意力移轉至在情感上更有意義的活動——他們開始將逐漸消失的情感和實際資源，投入在更有可能創造正面感受的人際關係。於是，即使我們變老，也經歷無可避免的生理與社會損失，但我們依然可以維持，甚至增強幸福感。

克里夫嘗試人生新轉變時，這或許就是最大挑戰。身為「年輕的七十一歲」，克里夫眼前的往後人生比過去世代更長久。他必須更展望未來，而且投資未來。但是，他也要替晚年人生做好準備，他的視線會愈來愈窄，他的舒適生活與喜悅也會轉變為更有限的形式。

人類老化方式的多樣性，也讓最後轉型的挑戰變得更複雜。克里夫必須審視自己的感受，並且以這些感受作為行動基礎，而不是單純學習其他人在這個年紀時的反應。正如卡斯騰森所說，人生最後的階段，不是在某個年紀突然發生的獨立分離過程，而是經過一段時間後逐漸產生的結果。但是，我們不必害怕。用卡斯騰森的話來說，老化「確實讓人承受艱困與失望……但等到人們真的變老了，他們更習慣感受生命的美好，而不是痛苦」。

你的個人探索

藉由探索與學習的稜鏡，測試你可能的未來道路，其實是非常睿智的行為。我們在此處強調的重點不是預測未來，而是更著重於了解建立未來和探索未來的必要步驟——如果你已經替自己制定未來計畫，應該如何實現？又該如何達成最好的結果？

從轉變中受益

請觀察你正在思考的未來路徑。我們推測，在各種未來發展的路徑中有著許多時期，你可能都要經歷人生的轉變——或許是改變工作類型、完全改變職業生涯、搬家或移動至其他遙遠的地區。請用以下的方式考量。

是否已經完成足夠的探索？展望未來的改變時間點，你是否能夠探索，並拓展自己的生命敘事，還是你其實限縮了自己的選項？對於未來的目標，你是否確實尋求各方廣泛的建議？思考未來的時候，你的觀點是否超越了現在的自我，並採用未來可能自我的觀點？

人際關係網路能不能幫助自己修正計畫？現在，你必須盡可能具體思考未來計畫。但是到了最後，即使用最好的方式處理，計畫都會產生改變與修正。因此，請思考你正在規畫的人生階段能不能提供良好契機，讓你的人際網路保持動力與開放，而且讓你可以測試並修改人生計畫。

確保每個階段都是學習契機

如果你規畫的所有階段，都能夠確實投資在學習上，那麼你正在思考的計畫就更有可能成功。

有什麼感覺？請思考你正在構思的所有路徑與階段。你的感覺是什麼？你能不能從中獲得學習所必須的內在動機與自主性。或許在某些時刻，你會感受到壓力，而且不能自主決定——如果只有一個階段如此，那計畫還會成功；倘若多個階段都有這個問題，則計畫就會失敗。

能夠獲得充分的學習嗎？請仔細觀察你正在想像的所有階段，大致描述你可以學習的知識。有些階段能夠創造豐富的學習成果，你可以顯著累積自己的經驗，也很有可能可以與鼓舞自己的人相處。這些都是生命的關鍵階段，你必須努力維持。

是否能夠建立平臺？如果你可以培養獨特的專業技能、能力以及人際網路作為提供未來選項的基礎時，就能建立平臺。因此，請仔細思考你正在考量的所有階段，判斷每個階段能夠建立平臺的程度。生命的每個階段，不見得都有建立平臺的能力，但如果隨時間經過，建立平臺的機會渺茫，你將會知道自己的長期人生選擇已受到限制。

我是否有學習的場域？

你設置個人空間的方式，或者你選擇的地點，都會影響你的學習能力。

是否用最有效率的方式打造學習空間？在生命的每個階段，請仔細觀察四周環境，建立良好的生活方式。你是否打造了能鼓勵自己學習的空間？

會在何處生活？在生命中，可能會有某些時期你需要住在有助學習的「群集」環境；也會有其他時刻，群集環境對於你的學習而言沒有必要。請留心注意各個階段的節奏。

第五章

關係：用更深刻的方式與人連結

人類向來相互支持，集體行動和合作打造事物的能力也是促使人類繁榮的關鍵。[1]隨著人類壽命變得更長，面對更多轉變，我們現在有機會重新思考建構與維持人際關係的方式。多階段生活的適應能力與彈性，替我們創造許多成長和茁壯的機會。但是除非我們可以同時深化並且投資在人際關係上，否則面對更多轉變，可能會有面臨人生破碎的危機。我們可能會失去目標，失去自我和認同。

我們的**家庭**，我們與伴侶、父母以及親人的關係，就是人際關係的核心，而且可能在人生中的許多階段不停轉動。大多數人非常在乎父母，我們也希望孩子的人生可以成功，他們的人生如果沒有比我們的更好，至少也要和我們一樣好。由於家庭成員的壽命更長久，生育子女的數量更少，家庭結構已經逐漸轉變為「豆莢」而不是金字塔。由於手足親人更少，家庭中還有更多的世代成員，會產生新的責任同時也孕育了新的問題，舉例而言，誰應該負責照顧曾曾祖父母？

除了上述的核心人際關係之外，能夠維持數十年的**親密友誼**也很重要，正如稍早提到的格蘭特研究，友誼是催生幸福感和認為生活滿意的要角。除此之外，還有更容易改變的**其他人際關係網路**，這種人際關係能夠橫跨職場與休閒時間，也可能是學習的關鍵，能夠提供導師和模範人物。多階段人生以及眾多轉變創造的變遷，代表我們必須付出更多努力、承諾以及重視，才能完整保持並投資在過去階段所建立的人際關係。拉德西卡採用遠端工作，因此必須額外付出時間建立以工作為基礎的社交圈，然而她的朋友在傳統的公司任職，則能自動形成社交圈。

在人際關係最外緣的，則是我們的**社區與鄰里**。成為鄰里社區的一分子，看見熟悉臉龐確實令人感到快樂。**社會**則是在人際關係圈之外最大的圓，鄰里與社區成員的互動形成社會。到頭來，社會默默形成更廣大的社會規範和傳統。隨著人類日常生活從現實擴張至網路世界，人與人之間的互動本質也改變了。確實，網路的便利性讓我們得以認識有相似興趣的朋友，但也很有可能讓社會變得更疏離，並且稀釋掉傳統的社群活動所帶來的價值。

各世代用垂直的方式穿梭在所有人際關係之間。由於在任何時間點，都有愈來愈多的世代人物存在於各種人際關係，所以各個世代看待生活方式的觀點差異，也會愈來愈明顯。因為年輕世代的成員必須尋找新的生活方式，也因此產生更多世代衝突的跡象。想要避免世代之間的政治衝突，我們必須不再彼此攻擊，在年輕世代和老年世代之間，創造新的社會經濟合作關係。

家庭

人類興盛繁榮的部分關鍵就在家庭。家庭能夠養育並且支持成員時，就會成為重要的緩衝，讓我們可以面對難以預測的快速變遷世界。倘若家庭可以發揮最好的效果，傾注時間和資源支持彼此，就能在家人生病或失業時提供照顧，養育年輕世代，並且照料老年世代。如果長壽人生、科技發展以及流動的多階段職業生涯已經成為世界主要特色，上述家庭特質就會變得更關鍵。

雖然家庭的基礎角色有眾多相似性，但各個國家的家庭概念依然有著重要的文化和社會差異。住在印度的拉德西卡可以全職工作，但拉德西卡其實是少數人，因為印度只有百分之三十的女性能夠從事有薪工作。小圓正在努力追求與男朋友弘樹間的平衡關係，但目前大多數日本男性不認為照顧小孩是自己的重要責任。

每個國家民族的差異並非靜止不變，而是會因文化和社會壓力而產生改變，其中一部分的原因是科技進步和長壽人生。舉例而言，日本社會正在認真探討女性的社會角色，後續結果也會影響弘樹與小圓養育家庭的方式。這個現象很重要，因為我們移轉至多階段的人生時，家庭的本質也會隨之改變。如果我們希望家庭可以繼續提供團結的人際關係，提供幫助我們度過人生各階段的資源和照顧，我們絕對需要社會創新和社會先鋒重新想像家庭的角色和責任。

晚婚

隨著壽命增加，人們開始延後重大的決定，而且沒有任何事比婚姻更明顯。一八九〇年時，美國女性結婚年齡中位數是二十二歲；現在則是二十八歲。[2]弘樹和小圓幾乎沒有朋友在三十歲以前結婚。他們並非唯一延後重大決定的人：瑞典人的結婚時間最晚（男性是三十七歲，女性則是三十四歲），而印度人的結婚時間最早（男性結婚時間是二十三歲，女性則是十九歲）。

有些人直接選擇不結婚。在一九七〇年的日本，不婚是罕見選擇，在超過五十歲的男人中只有五十分之一並未結婚，現在則是四分之一。同樣年齡女性不結婚的比例原本是三十三分之一，現在則是七分之一。[3]拉德西卡與小圓在和女性朋友聊天時，經常爭論婚姻的好壞。拉德西卡希望專注於職業發展，不想經營一段更穩定的感情關係。這個現象部分反應出女性經濟地位逐漸獨立，婚姻對女性的財務吸引力因而減少。另一個原因則是科技進步。拉德西卡可以專注在工作，只要使用微波爐、冰箱以及食物外送服務，就可讓生活更便利。事實上也有研究證據顯示，一個人的收入愈高，就會想要獲得更多隱私與獨立。

有鑑於上述的社會變遷，社會敘事逐漸開始將單身生活視為正面選項，其實不令人驚訝。社會心理學家貝拉．德寶拉（Bella DePaulo）在TED的演講內容中主張，婚姻依然是社會習俗認可的一種理想，單身女性則是社會先鋒，努力抵抗社會傳統的期待和限制。她認為，單身人士正在創造二十一世紀的人際關係和親密關係，超越了老舊的核心家庭模型[4]，而且與常見的刻板印象相左，新型態的人際關係與親密關係，其實與他們的朋友和親人產生高度緊密的連結。有些研究結果顯示，同居或結婚的伴侶可能會體驗孤立的生活或者導致人際網路萎縮，但單身人士似乎可避免承受這種困擾。

上述現象的結果不只是獨居者增加，單親家庭也增加了。回顧十七世紀和十八世紀，單親家庭並不罕見，大約有一半至三分之一的家庭都只有一位家長，因為死亡率很高。隨著人類的生命變得更長久，這種現象也改變了，更多家庭的父母親都健在。然而單親家庭的比例再度開始增加，部分原因是已婚夫妻的離婚率提高，另一部分的原因則是更多人選擇同居，而同居的分手風險比結婚更高。在非洲、拉丁美洲以及加勒比海地區，大約百分之三十的家庭只有一位家長，相較於歐洲的百分之二十，美國的百分之二十八，以及亞洲的百分之十三。在所有情況中，單親家庭的家長都是女性。

單親家庭的生活很可能非常艱困，正如艾絲黛爾的感受。單親家庭在經濟上最脆弱，單親家庭的小孩身陷貧困的機率是雙親家庭小孩的兩倍。艾絲黛爾當然很高興自己不必和丈夫一起生活，但她只能從丈夫身上獲得最少的財務協助，這代表艾絲黛爾必須全職工作，而且獨自照顧小孩。因此艾絲黛爾非常仰賴親人以及朋友的幫助，特別是更年長的家人。艾絲黛爾非常感謝父母、阿姨和叔叔的支持，但她也明白如果自己生病或失業，她將是多麼脆弱。現在的工作方式能夠協助她一邊照顧家庭一邊繼續工作，但她不確定這個大家庭有沒有足夠資源，能夠協助她經歷多階段人生中更重大的轉變。

生育更少，但照顧長者時間增加

現代人更晚婚，也更晚生子。日本人生下第一個孩子的平均年齡是三十一歲，相較美國人的二十七歲。在現在的英國，四十歲以上女性生育的機率，比二十歲以下的女性更高。

女性也選擇減少生育的次數，或甚至不生育。回顧一九四〇年代，在已發展國家，不生育是非常罕見的情況——超過四十歲的成年人，大約只有百分之十沒有任何子女，現在則是介於百分之十五至二十。在日本，出生於一九五三年的女性（現在已經進入六十歲），只有百分之十沒有子女，而在一九七〇年出生的女性（現在已經四十歲），沒有子女的比例則是四分之一。住在印度的拉德西卡也正思考是否要有小孩，她從朋友身上看見養育子女的開銷，以及想兼顧職業生涯和照顧家庭是何其困難。拉德西卡也好奇生育科技的發展，能不能讓她將生育的決定延後至四十歲。對於拉德西卡住在印度鄉村地區的祖父母而言，孩子同時是農業工作以及老年生活經濟基礎的關鍵。但是正如經濟學家雪莉·盧登博格（Shelly Lundberg）以及羅伯·波拉克（Robert Pollak）強調的：「由於生產子女和養育子女的狹義經濟動機之重要性已逐漸消失，從父母的立場來說，孩子已經不像投資，更像是昂貴的耐久消費品。」[5]

這個現象也代表，雖然拉德西卡、弘樹以及小圓住在不同國家，但他們都很有可能**將二十多歲的時間，用於思考各種人生選項，並發展培養專業技能和人際網路的平臺**。他們不太可能專注於生兒育女，或採取傳統的成年發展路線。他們正在進入新的人生階段，在這個階段，他們通常會繼續待在原本的家庭中。湯姆的孩子已經成年，依然與湯姆同住，而且現在也是美國一百三十年以來，十八歲至三十四歲的人首次將「**住在家裡**」視為最主要的生活方式。

由於現代人較晚才會生子，而且生育數量減少，加上壽命更長，弘樹與小圓整體人生用於照顧小孩的時間將會相對減少。他們有更多時間發展職業生涯，參加休閒活動。然而，他們生活的家庭同時也有更多世代的成員。確實，到了二〇三〇年，研究預估美國的八歲小孩將有超過百分之七十，**可以見到依然活著的曾祖父母**。[6]

這個趨勢對弘樹和小圓用於照護他人的時間有深刻影響。他們**用於照顧子女的時間將減少，但照顧家長、祖父母以及曾祖父母的時間將會相對增加**。由於家庭變得更長壽，通常將結合離婚和再婚的成員，也引發非常有趣的家庭責任問題。以湯姆為例，他的父親晚年再婚，在過世的三年前搬到佛羅里達。湯姆其實不認識剛成為寡婦的繼母，湯姆聽說繼母已經搬出原本和父親一起住的房子並獨居中，但自從父親的葬禮之後，湯姆就不曾見過她。假如湯姆對繼母有照顧義務，又應該是哪些義務？

隨著生育率降低，拜訪或照顧老年親屬的人數也會相對減少。傳統家庭扮演照顧老年親屬角色的能力將因此受損，因此這個領域需要社會創新。已經有人開始採用**另類家庭**作為解決方法。以中國廣州市的七名女子為例，她們在三十歲時一起買了一間房子，目標就是建立往後人生的**共同家園**。[7] 如果家庭結構無法繼續支持個人成員，作為保險後盾，另類家庭結構必然就會誕生。

工作家庭

更多女性從事有薪工作，加上大量家電設備的發明減少家務工作負擔，以及避孕措施的改善，女性可以主動選擇何時要生孩子，以及生育數量。在一九二〇年，只有五分之一的美國女性和三分之一的英國女性從事有薪工作；現在從事有薪工作的女性比例是五分之三，在冰島甚至接近五分之四。由於更多的家庭科技創新、女性持續少生且更晚結婚，加上多階段長久職業生涯的可能性，我們推測這個比例將在全球各地持續升高。

小圓和弘樹討論彼此想要的生活時，他們同意兩個原則：第一，從事有趣且有意義的工作；第二，兩個人都要在家庭生活中扮演積極參與角色。從小圓的觀點而言，她知道除非弘樹可以積極參與家長的角色，否則她不可能同時擁有職業生涯並且生小孩。對於弘樹而言，他的付出不只是為了小圓，他希望成為比父親更積極顧家的家長。因此，他們面對的使命就是打造一段良好關係，可以支持兩人追求自己的職業生涯發展，同時讓他們都有彈性可以共同擔任家長角色。換言之，他們希望彼此關係不受性別刻板印象的限制。

弘樹和小圓的共識，代表小圓的生活將與母親截然不同。小圓的母親結婚後立刻辭職，待在家照顧小孩。在一九五〇年代前，許多西方社會女性亦是如此。的確，「結婚門檻」（marriage bar）是相當常見的障礙，也是一種正式或非正式的限制措施，強迫女性婚後必須放棄工作。這種觀點認為，女性結婚之後丈夫將會負責家中生計，所以女性不需要工作，因爲如果女性繼續工作，代表她們奪走男人的工作，但這是男人必須擔負的養家活口任務。小孩長大之後女性可以回到勞動市場，通常擔任兼職工作（正如小圓的母親）。這種工作發展的模式，也形成如下頁圖5-1左側非常明顯的M型圖。

如果讀者留意日本年輕世代的女性年齡層，她們的情況比美國同年齡層的女性更好。確實，比起美國的年輕女性，日本的年輕女性有更多機會擔任全職工作——從來沒有任一個日本年齡層有如此多的女性成員渴望工作。小圓與母親不同，她已經下定決心發展

圖 5-1 日本和美國的女性勞動力參與比例，以出生年和年齡為群組分類標準 8

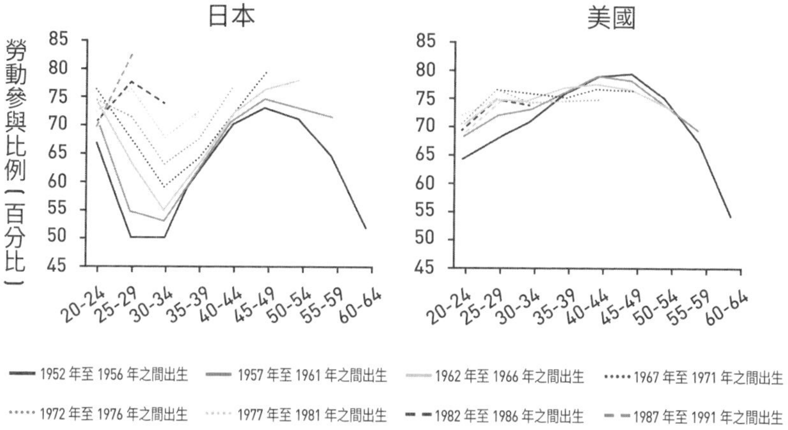

自己的職業生涯。

小圓想達到的目標並不容易。日本企業的職場規則沒有彈性，雖然許多女性都有工作，但她們的工作類型與男性非常不同。在二十二歲至六十五歲的日本女性中，百分之七十五有工作，其中四分之一是兼職工作（男性的兼職工作比例是百分之十）。因此，女性的收入更少，退休金較低，升遷機會也較小。這種現象不限於日本。在經濟發展暨合作組織的會員國，雖然將近一半的勞工是女性，但擔任管理職位的女性比例低於百分之三十；在日本，只有百分之十左右的資深職位員工是女性。

這個現象也影響勞動市場的所有層

面。在經濟發展暨合作組織會員國，女性平均收入比男性低百分之十四。確實，即使女性教育程度高於伴侶，收入高於另一半的機會只有百分之三十六。女性工作的領域也導致這個情況更為險惡：女性更有可能任職在較低薪資的領域，如健康照護、教育以及個人服務，而不是薪資較高且由男性主導的領域，如金融、銀行以及保險。

性別的薪資差異確實影響了年輕的夫婦，包括他們彼此協調在家庭中應扮演的角色。如果一般社會認知認為，小圓職涯的收入會低於弘樹，因此小圓將承受財務壓力，所以必須將弘樹的職涯發展放在自己之前。除非我們認為女性和男性終生的收入可以相等，才能期待伴侶雙方都能自動考慮在家庭扮演相同的經濟和照護責任。

然而，已有證據顯示上述情況正在改變，雖然非常緩慢。正如倫敦國王學院教授艾利森．沃夫（Alison Wolf）所說，對於教育程度最高的女性而言，目前的兩性收入差異已經是史上最小。[9]沃夫也發現，擁有碩士以上學歷的女性，子女人數通常較少（通常也可能不結婚或不生小孩）；即使生了小孩，她們請假照顧小孩的時間也較少。換言之，如果女性在工作場所的發展方向愈接近男性，她們獲得平等薪資的機率就會更高。

女性在家中的經濟地位逐漸改變，這個現象也出現在較低收入的家庭。現代男性擔任有薪工作的比例亦正在減少，在澳洲、法國以及德國等地，二十五歲至六十四歲之間的男性，十分之一並未從事有薪工作；在美國則是八分之一。這個趨勢看起來有些詭異，因為美國目前的失業率很低，但男性就業的實際比例，其實已經低於經濟大蕭條時期。[10]其中一個可能性是男性選擇擔任家庭中的照顧角色，但這或許不是造成此現象的原因，因為雖然照顧小孩的男性比例增加了，但比例依然很低，而且無法解釋上述的改變。更可能的原因則是低專業技能需求的「勞力」工作需求減少了。布魯金斯研究所（Brookings Institute）資深研究員大衛．魏瑟（David Wessel）曾說：「現在已經不可能光是靠強壯的背部與良好態度就能找到工作的時代。」[11]隨著人類的職業生涯變長以及科技進步，在教育程度較低的家庭，負責工作的女性可能是經濟地位的領導者，而不是男性，特別是在夫妻的年紀增長之後。

建立相互依賴關係

社會對於家庭規範的移轉，將創造更多家庭型態，人們也會有更多可以執行的選項。這個趨勢從基礎上改變了傳統的婚姻觀，也替社會先鋒開創了可發揮的空間——他們可以創造新型態的伴侶關係，以及創新的共同生活與扶養子女方式。

但是，上述發展不能奪走身為人類的意義，就是愛人與被愛。我們認為，取代傳統家庭地位的，不會是沒有意義的事物，而是更著重於建立彼此付出的關係。所以我們需要一種更堅強的**相互依賴關係**，原因有兩個：我們可以選擇的伴侶關係形式更多，與必須適應多階段生活的複雜性。我們也需要與伴侶進行更多對話和協商，因為傳統的社會規範消失了，所有的伴侶關係都必須尋找讓關係成功的方法。

勇敢面對各種選擇

新型態生活的創新、多元以及複雜度，讓小圓、弘樹以及拉德西卡，難以評估生活方式決策可能帶來的結果。他們將會在某些時刻面對一種特殊情況，這特殊情況非常重要也相當艱困。就在這個時刻，所有「可能的自我」開始改變了，他們必須採取行動，且過去的經驗或傳統都不太可能提供指引。拉德西卡、小圓以及弘樹，現在如何選擇或往後將如何選擇自己的伴侶，就是這一重要的特殊情況。

拉德西卡目前單身，在三十歲之前她不想結婚——她想像自己三十歲之後才會找到伴侶，建立親密關係並生子，隨後再從事有趣的工作。考慮拉德西卡想像的未來自我，她現在應做出何種決策，才能提高實現目標的可能性？她的母親的生活與拉德西卡截然不同，但是拉德西卡依然可以仰賴過去的經驗，思考自己的決策。

我們確實知道過去的人做決策時的影響。紐約大學社會學家凱瑟琳．格森（Kathleen Gerson）提出一份研究報告，探討一群美國女子在一九七〇年代做出的決定以及隨後造成的影響，時至今日我們依然可看見其影響力。[12]

許多因素以及當時的決策，共同形成了她們現在的處境。第一個重點是**時機**。她們結婚和生子的年紀，影響她們是否能夠發展職涯。擁有職業發展生涯的女性結婚機率較低，即使選擇結婚，時間也會較晚。在全職工作的女性中，百分之四十沒有小孩，即使有生小孩的女性，小孩的人數也不會超過三名。影響上述女性未來的另一個因素是她們的**伴侶類型**。與願意支持伴侶者結婚的女性，更有機會繼續工作；伴侶是反對女性工作的人，則是迅速離開職場。**教育程度**也影響女性的往後生活：擁有大學以上學歷的女性更有可能繼續工作。命運也干涉了她們的人生。如果她們本人，或者一位近親，例如她們的父親或母親，發生嚴重的健康問題，她們也很有可能放棄工作。

上述內容解釋了女性在一九七〇年代所做的決策的影響。或許，時機、選擇伴侶以及教育投資，對現在二十歲的女性將會產生不同影響？拉德西卡面對的選項確實更多

——她可以選擇自由接案工作，享受彈性生活，她能夠選擇的伴侶類型可能也更多。但是，她必須謹慎思考人生初期的選擇才是睿智的舉動。

彼此分享的生命敘事

弘樹和小圓認真討論如何分享家庭責任。他們討論的時候，彼此都能感受到一股強烈相互依賴感。當然，他們的父母在各自負責家庭任務時，也會產生相互依賴感——父親負責維持家計，母親則是照顧家人。只有一個人是無法完成使命的，也不可能獨自奮鬥。但是，弘樹和小圓感受的相互依賴則更緊密且深刻。

身為社會先鋒，弘樹和小圓必須建立一種新型的伴侶關係，讓兩人都有機會發展自己的職業生涯（Career+Career），而不是其中一人有職業發展生涯，另一個人只能兼職（Career+Job），或者其中一人有職業發展生涯，另一個人完全負責照顧小孩（Career+Carer）。為了達成彼此都能發展職業生涯，並且成功扶養家庭的目標，他們有許多選擇。但是，假如**缺乏有意識的相互依賴**，擁有更多選擇和彈性，也將可能造成家庭解體與破碎。

弘樹和小圓的關係，也可能採取社會學家安東尼·紀登斯（Anthony Giddens）所描述的「**純粹**」（pure）形式，他們並未在過去的經驗中尋找指引，而是展望未來。他們就像「自由漂浮」狀態，不再錨定於社會或經濟生活的外部條件，例如勞力分工或者養育小孩。因此，他們關係的新形式成為兩人純粹的創造，而不是反應更廣泛的社會習俗。對小圓和弘樹而言，紀登斯的想法並非他們能夠直接選擇的方法。他們沒辦法「隨波逐流」地思考各種可能在傳統伴侶關係中成功運作的模式。他們必須和彼此深度交流，探討彼此的需求和渴望，創造一種彼此分享的生命敘事以及能夠實現的伴侶關係。他們必須作到「反思」（reflexive）：[13]深刻思考和討論重要目標，同意彼此的需求以及他們願意付出的承諾。他們必須根據自己的需要和渴望，以及對於周圍環境變化的觀察，做出選擇。

弘樹和小圓並不孤單。紐約大學社會學教授茱蒂絲．斯泰西（Judith Stacey）主張，[14]全世界的人都在積極建立新的家庭關係，而這種重新建構並非毫無意義。斯泰西認為，這種趨勢不亞於大規模的實驗過程，人們正在重新建立伴侶關係應該、也能夠展現的各種模範，而弘樹和小圓必定能夠因此倍受鼓舞。這個趨勢發生的時間點還無法獲得社會機制的支持，因為目前的機制規範尚未跟上快速變化的人類渴望。

小圓和弘樹也有潛力創造自己渴望的家庭結構，因為社會機制的不足，讓他們有空間決定自己的渴望，並依照渴望行動。[15]他們可以依照自己的好奇心、對於周圍的觀察，以及對於未來的判斷，做出各種選擇。

為理解新的人生路徑，讓我們回到稍早替弘樹繪製的可能自我和路徑發展（第一三三頁圖4-1）。我們曾經推測，弘樹可以留在父親規畫的人生路徑，或走上另一條路徑，開啟旅行的選項，也有可能在日後建立自己的事業。但請讀者留意，上述的內容只是單人敘事（單身敘事）。探索弘樹的可能路徑時，我們從未考慮他和小圓的關係，以及小圓可能也想追求自己的職業發展生涯。換言之，我們想像的弘樹可能路徑是獨立的，而不是相互依賴的。我們只思索了單人的生命敘事，而不是彼此分享的共同敘事。

因此，讓我們現在開始將人生交疊並相互依賴。我們可以想像小圓和弘樹都想追求自己的工作路徑，決定在當地的企業任職。在下頁圖5-2，我們將這個發展稱為路徑P1與路徑P2。在三十歲初期（第二階段），小圓和弘樹都決定繼續保持全職工作，但先休息六個月，一起外出旅行。他們的選擇是路徑P4，並且引導至獨特的第四階段。他們目前不想生小孩，而是繼續專注在職業發展。他們決策的其中一個標準，就是日本企業的改變速度。他們相信，日本的企業將會慢慢接受讓男性和女性都可彈性工作。因為如果小圓決定著重家庭而不是職業發展，目前存在於日本企業的兩性觀點差異，必會影響她的職業生涯。

圖5-2 小圓和弘樹的生命故事

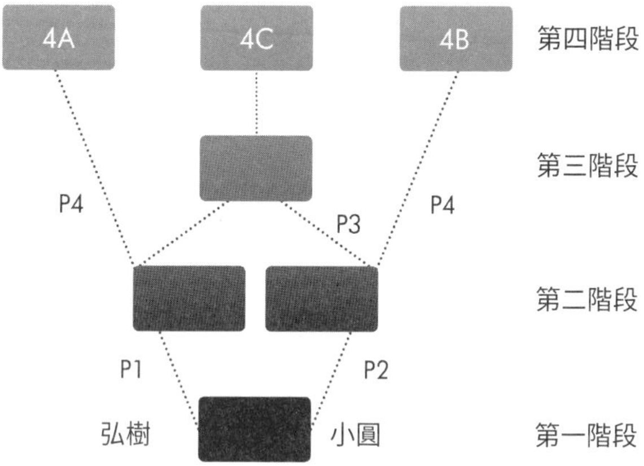

誰負責照顧小孩？

小圓和弘樹還可以選擇其他路徑。其中一個可能性是，在三十歲的時候，也就是第二階段，他們決定共組家庭。他們的選擇之一，則是讓小圓迅速重返全職工作，追求自己的職業生涯，而弘樹則切換角色，成為照顧孩子的主要負責人。已有研究證據顯示，家庭主夫的數量在特定國家已經增加，雖然整體比例依然非常低。[16]但是我們可以想像，隨著性別的薪資差異減少，女性的教育優勢增加，可以更好地反應在女性任職於高階職位，所以更多家庭主夫將會扮演照護小孩的角色。

弘樹更喜歡另一個選項，他們都可以繼續維持全職工作，並且平均分擔養育家庭職責。在丹麥和瑞典等國家，人們已經開始採用這個選項，全職工作父親在家庭事務的負責程度幾乎等同於全職母親。[17]但是在這些國家之外，這種伴侶關係尚未廣泛普及，也確實需要更多社會創新，改變社會習俗以及經濟基礎，才能支持這種家庭的運作方式。隨著年長的家庭成員以及跨世代家庭照顧需求的增加，上述需求將會加倍重要。

弘樹希望自己陪伴小孩的時間是父親的兩倍。他並不孤單。哈佛商學院教授羅賓．艾利（Robin Ely）和同仁進行一項研究，主題是一群受過教育的男性是否認為自己將更平等地參與未來的孩童養育工作。研究者詢問四十九歲至六十七歲的男性時，只有百分之十六的答案是肯定的。三十三歲至四十八歲的認同比例是百分之二十二；至於十八歲至三十二歲的男性，則有超過三分之一認為自己將會平等扮演照顧孩童角色。[18]

男性希望自己更積極參與孩童照護的目標，需要企業制度的大規模改變。日本的生育率大幅度降低，小圓和弘樹只能盼望缺乏勞動力的困境，將會強迫企業提出更彈性的措施，才能吸引年輕工作者。政府也需要支持上述改變。事實上在日本前首相安倍提出的「日本再興政策」中，「女性經濟學」就是核心議題。安倍的策略包括一系列政策，目標是提升擔任企業資深領導地位的女性人數、改善孩童照護選項、鼓勵男性更積極參與家庭事務，以及實施讓工作與生活更平衡的職場措施。真正的挑戰在於，政府的政策是否能夠帶動日本的企業和家庭文化轉變。

小圓和弘樹必須孤注一擲。他們對於日本的改變很有信心，也基於這個信心，選擇採取路徑P3。路徑P3更為相互依賴，小圓和弘樹都會繼續全職工作，並保持工作彈性，共同分擔照護小孩責任。選擇路徑P3的結果，讓他們在第四階段一起抵達4C。保持工作彈性並共同分擔照護小孩責任確實有風險——也許日本的企業不會改變，為了追求彈性工作，小圓和弘樹將會承擔職業發展生涯和財務狀況的損失。倘若兩性之間的薪資差異並未減少，財務壓力可能迫使小圓放棄理想，讓他們只能轉變成一個人擁有全職工作，另一個人只能從事兼職（Career+Job），或一個人擁有全職工作，另一個人則全職照顧小孩（Career+Carer）。

安全基礎和共同付出

小圓和弘樹屬於社會先鋒的特定年齡層族群，希望努力讓兩人都可發展全職的工作職涯。研究學者抱持高度興趣觀察這個年齡層族群，如歐洲工商管理學院的珍妮佛．皮特里耶里（Jennifer Petriglieri）。[19]她的觀察結果認為，這種經過協商的伴侶關係，能讓雙方都發展更深刻且廣泛的自我感受與自我認同。因為伴侶兩人都錨定在有意義的工作，可以相互支持，協助彼此建立更堅強的專業工作自我認同。這種伴侶關係的優點是有潛力創造「安全基礎」，雙方都可以向彼此提供支持和鼓勵。

「安全基礎」可能是小圓和弘樹關係的長期關鍵。他們的職業和工作場域很有可能逐漸轉變為短期基礎，他們從事的任務愈來愈零碎、使用儀器輔助，並且「已經無法分割」。有鑑於此，他們的伴侶關係有潛力成為一個關鍵的社會制度，能夠彌補欠缺的傳統錨定感受與企業組織身分認同。甚者，「安全基礎」也可以成為一個平臺，讓弘樹和小圓都能夠承受風險並進行轉變。確實，相互依賴讓他們足以累積只靠單打獨鬥難以達成的充分資源。因此，弘樹和小圓的關係不是「零和遊戲」，而是「雙贏」。比起獨自努力，他們將一起達成更多成就，也獲得更多成長。「安全基礎」是他們人生的真實資產，讓他們可以解決在多重階段和非線性職業發展生涯的時間和財務壓力。他們有機會成為「蹺蹺板」情侶，改變人生的節奏。

小圓和弘樹的伴侶關係關鍵則是承諾付出。承諾建立了伴侶關係的架構，也讓他們理解彼此承擔的風險。為了共同分享的未來相互依賴，兩個人都犧牲一定程度的未來獨立選項。傳統關係的基礎當然也是承諾付出，小圓的母親承諾照顧小孩，父親承諾照顧家庭生計。由於小圓父母親的承諾獲得社會規範和常見選擇的支持，他們的選擇其實相對直接。比起多階段的人生，小圓父母親當時面對的選項和可能結果也比較少。因此，雖然打造良好關係的基礎條件保持不變，但缺乏社會習俗的外部指引，小圓和弘樹必須投入更多承諾付出，而承諾來自持續的對話和交流，這也是他們關係的特色。

為達成這個目標，重點在於建立並維持相互信任。他們不能將相互信任視為理所當然，必須付出努力，就像照顧伴侶關係的其他層面。他們必須信任彼此，也要讓自己值得信任——相信自己確實可以仰賴對方的言行——每天都要花時間傾聽彼此想法，認真討論實質議題，直到解決問題之前都不能掉以輕心。

史丹佛大學經濟學家邁拉·斯特羅伯（Myra Strober）根據研究結果和自身經驗，在自傳中強調一個重點：「兩個人可以建立長久維持且滋養彼此的關係，同時擁有令人滿意的職業生涯發展，但唯有兩人都完全承諾追求相同的路徑。如果你和伴侶都**承諾付出**，你們就能找到成功方法。」[20]

世代

隨著人類壽命增長，在任何時間點都會有更多世代活著。跨世代關係最好的發展，就是向彼此提供資源、支持以及照顧，正如艾絲黛爾的家庭。跨世代關係良好時，每個世代的成員都會覺得自己被彼此了解並受到公平對待。

雖然跨世代的關係有機會在家庭之中形成和諧氣氛，但跨世代關係已經逐漸出現一種緊張關係。這種緊張關係也呈現在政治中。以英國為例，脫離歐盟的投票傾向可以用年齡區分：十八歲至二十四歲的男性有百分之六十一投票留在歐盟；而五十歲至六十四歲之間的男性投票選擇脫離歐盟的比例也是百分之六十一。在美國，年齡也逐漸成為投票模式的判斷標準。確實，史丹佛大學歷史學家尼爾．佛格森（Niall Ferguson）相信，美國政治的「世代區隔」正逐漸增強，而且可能比種族和階級的對立更重要。[21]

毫無疑問的，健康的人類社會和快樂家庭，部分建立在良好的跨世代關係。但是，隨著科技劇烈改變工作和職業發展，而長壽人生正在改變年輕世代和老年世代的平衡，社會和家庭都正在承受壓力。

世代平等：年輕世代處境是否比老年世代更惡劣？

法國大革命之初，英國詩人威廉．華茲沃斯（William Wordsworth）曾寫道：「活在黎明是一種幸福；但年輕，則是宛如天堂。」[22]在人工智慧和長壽人生掀起的革命之初，現代的年輕世代可能無法輕而易舉地說出同樣觀點。

對於年輕世代的父母或祖父母，在已發展國家，三階段人生確實足以成立家庭、購買房子以及退休。然而對於年輕世代而言，這種情景已經不再可能。他們無法體驗一輩子從事相同職業的感受，甚至不可能一直待在同一個領域，更不可能現在規畫往後六十年的職業發展生涯。他們的父母只要擁有大學學歷，就能獲得有安全保障的職涯，以及良好薪資，但年輕世代不可能有相同體驗。在許多國家，年輕世代已經發現他們更難找到工作，也更難踏出職業發展生涯階梯的第一步：他們知道自己可能承受更多次的職業改變，也無法只靠著最初的教育程度，就維持一生穩定的職業發展。**對於老年世代，三階段的人生可提供穩定的職涯發展和財務安全；對於年輕世代，未來似乎只是一場漫長的喧囂**。

房價上漲也是一個令人煩惱的問題。在世界主要大都市，房價上漲問題對年輕世代非常不利，也導致擁有房子的人數比例急速下降。在英國，這個比例下降的幅度非常驚人：比起現在六十歲和七十歲的人，現在三十歲的人只有一半的機率有機會購買屬於自己的房子。[23]澳洲和美國的情況也是如此。因此，現在的年輕世代進入四十歲之後，其富裕程度將遠遠不及過去的世代。

雪上加霜的是，社會必須實現照顧老年世代健康和退休金的承諾。三階段人生的本質是配合預期壽命只有七十五歲的人生；現在的人類預期壽命已達到八十五歲，其中一部分的財務來源就是正在工作的年輕世代，即使年輕世代在人生晚年還有機會獲得相同的福利政策照顧，其照顧程度也非常稀少。一九三六年，富蘭克林．羅斯福接受民主黨提名擔任總統參選人時，曾經強調：「某些世代獲得太多；某些世代只剩下期待。」這句話也是眾多國家年輕世代的一致心聲。在日本，有一個新字是「老害」（rougai），用於描述人數逐漸增加的年老世代，對年輕世代造成或大或小的傷害或不便。[24]

上述的多重壓力也在某些國家引發一種想法，那就是認為現在的年輕世代到了未來，處境將比自己的父母更惡劣。[25] 在日本，百分之三十八的人相信，他們的小孩往後處境會更惡劣（相較於百分之二十八的人相信，小孩往後處境會更好）；同樣抱持悲觀觀點的法國人，比例則是百分之七十一。但是，這種想法並非全球現象。在經濟快速成長的國家，例如印度或中國，父母親對於小孩未來處境的觀點更樂觀。在上述國家，人均經濟成長率是百分之五至百分之七，也就是每十年至十四年之間，人民的收入將提高一倍。因此，印度人有百分之六十五相信年輕世代的未來處境更好，中國則是百分之七十八，其實不令人驚訝。

年輕世代的前景當然不是一片淒涼。如果我們考慮性別認同，以及同志群體議題創造的進步，年輕世代在許多層面都比過去世代更好。預期壽命的改善，無論實際達成的壽命增加，或能夠增加的潛在空間，到了未來，都代表更長壽的人生應該可以裨益年輕世代。但是近來一份研究報告認為[26]，與美國相較，如果法國人的預期壽命增加三年，其經濟效果等同於每人的年度消費金額將提高百分之十六。依照這個數據基礎，比起父母親世代，年輕世代的收入將大幅下滑，因為如果預期壽命繼續增加，現在年輕世代的處境無法變得更好。

我們認為，跨世代衝突的核心，就是因為三**階段人生無法繼續維持**。科技創新和社會創新之間的鴻溝逐漸惡劣，代表三階段人生已經不再合適，年輕世代需要新的方向，才能繪製自己的未來生活，提供經濟繁榮，以及人類繁榮的平臺。

雖然你愈年輕，愈需要完成更實質的改變，才能度過長壽新人生，但無論你的實際年齡為何，你都需要改變。每個人都正在進入改變的過程。改變的本質或許會因為世代而有所差異，但想要滿足需求，不必與彼此競爭。**我們需要政治制度協助不同的年齡層在生活中一起合作，而不是創造跨世代的衝突**。

以日本進行的「設計未來」為例。[27]二〇一五年日本矢巾町舉辦這個實驗活動，邀請市民規畫至二〇六〇年的長期願景。市民分為兩組：第一組負責呈現當前世代的意見；第二組則代表在二〇六〇年時活躍的世代。在各項討論議題中，代表未來世代的組別，無可避免地採取更堅定的立場；而強調當前世代的組別則是較能妥協。令人欣喜的是，這個實驗雖然看見兩組團體的不同觀點，但更重要的結果是代表未來世代觀點的組別成員，他們的心態改變了。例如氣候變遷等議題，我們確實有明確的需要，必須採取這種討論途徑。

世代標籤：各世代是否真的不同？

廣泛的跨世代衝突有一部分起源於**世代標籤**。世代標籤其實是媒體和商業分析產物，例如各種報導標題〈管理五個世代的勞動力〉〈千禧世代喜歡的十件事〉，當然還有〈千禧世代不喜歡的十件事〉。似乎每天的報紙都會報導〈千禧世代／嬰兒潮年代出生的人性愛頻率更頻繁／更不頻繁〉或〈我們應該吃更多酪梨〉。

世代標籤的起源或許是詩人葛楚．史坦（Gertrude Stein）創造了「失落的世代」（Lost Generation）一詞，描述出生於一八八三年至一九〇〇年的人。隨後則是出生在一九〇一年至一九二四年之間的「最偉大的世代」（Greatest Generation），以及出生於一九二五年至一九四二年之間的「沉默的世代」（Silent Generation）。最有名的世代標籤則是「戰後嬰兒潮」，這群人出生在一九四三年至一九六四年之間，他們在所有的人生階段都經歷轉變。在上述世代之後，出生在一九六五年至一九七九年的人，則是加拿大小說家道格拉斯·柯普蘭（Douglas Coupland）筆下所說的X世代，以及出生在一九八〇年至二〇〇〇年的千禧世代，有時則被稱為Y世代，他們是目前美國最大世代族群，到了二〇二〇年將成為全球人口的百分之五十。最近的世代是Z世代，出生於二〇〇一年至二〇一三年，或者i世代。誰會是下一個世代？目前低於十歲的族群還沒有固定名稱，但阿爾法世代（Generation Alpha）似乎是最受歡迎的選項。

世代標籤引發問題的部分原因在於日期和名字都過於抽象武斷。在一個家庭之中，「世代」概念的定義非常明確。但是對一個社會而言，世代並非如此清晰。在你的家庭中，父母親顯然屬於上一個世代。但世代的區分點並非年紀，而是在家族系譜中的位置。社會則是藉由出生年來定義每個人的世代，這與家庭不同。這個現象導致你的叔叔可能是嬰兒潮世代，但你的阿姨則是X世代。因此，家庭的世代意義很明確，社會的世代定義則非常抽象。

世代標籤的另一個問題特色在於其現代性。十九世紀晚期之前的人，其實沒有「世代」的概念——就算有，也不需要刻意評論某個世代，或者替他們命名，當時的人只有年輕和年老之分。莎士比亞提到人生的七個階段時，不覺得自己有訴諸世代標籤的需要。然而正如美國趨勢分析師尼爾・豪爾（Neil Howe）和威廉・史特勞斯（William Strauss）所說，自從「一九二〇年開始，所有二十歲至二十五歲年齡層的成員，在成長過程中都至少會被命名一次」。[28]有趣的是，**世代標籤與三階段人生幾乎同時出現**。三階段的人生觀導致社會以**年齡**為顯著的制度區隔：教育制度涵蓋二十一歲以下的人；工作制度最多涵蓋至六十五歲的人；而退休制度出現之後，也建立了新的長者社群。

一九九六年，發生在美國亞利桑那州鳳凰城郊區的一起事件，鮮明地展現了年齡制度區隔的本質，而諷刺的是，發生事件的地名是「青年鎮」（Youngtown）。當時，一位十六歲青少年查茲・寇普（Chaz Cope）為了逃離繼父，想要和祖父母一起生活。但是青年鎮其實是一個退休長者社群，當地市議會要求每一戶人家至少要有一位超過五十五歲的居民，但對查茲來說，更重要的是當地規定禁止小於十八歲的青少年居住超過九十天。這事件演變為市議會、州檢察長、青年鎮的市民，以及查茲祖父母之間的訴訟案。在這場事件期間，警方為維持青年鎮實施的年齡區隔，甚至跟在校車之後，確保沒有任何一位學童在青年鎮下車。

另一個有趣的事實在於，隨著時間經過，社會變得愈來愈有所區隔，也更依賴世代標籤。世代標籤導致我們與其他世代標籤的人相處時間更少，更不了解，並用刻板印象，填補我們對其他世代的無知和缺乏認識。

世代標籤有用嗎？

為思考世代標籤究竟對跨世代的關係有益或有害，我們應檢視世代標籤是否能如實反映真實的研究差異。所以，我們必須用社會的觀點，定義一個世代的意義。德國社會學家卡爾・曼海姆（Karl Mannheim）提出一個非常經典的世代定義：一**群相同年紀的人，並分享相同的歷史年代**。[29] 換言之，以時代為基礎的世界觀，定義了一個世代。德國哲學家馬丁・海德格（Martin Heidegger）則是捕捉到一個人能夠屬於一個世代的吸引力，他強調：「生者不可逃離的命運，就是與其世代共同生存，並且活於其中，而這個命運也完整展現一個人確實存在的所有關鍵要素。」

然而正如曼海姆本人也強調，不是每個年紀都需要定義為一個世代。如果二十一世紀的世界與二十世紀完全相同，我們的生活脈絡其實並未改變，原本的社會規範和價值也會保留。在這樣的情況下，沒有必要定義各個世代，純粹著重於年輕世代和年老世代就足夠。因此，**社會變遷**才是定義一個世代的關鍵，因為新世代的人將質疑眾人原本接受的智慧。為應對新的挑戰，他們將產生獨特的行為方式，並發展出自己的價值和觀點。從某個意義而言，他們是社會創新戰場的前線士兵。從這個角度來看，過去用於定義各個世代的時間範圍，其實只是特定歷史變遷時期的區隔。這個觀點也解釋為什麼近年出現的世代標籤，都是以世代成員看待科技的態度為基礎。如果科技持續急速改變，我們也可以期待世代標籤將繼續推陳出新。

然而，如果世代標籤想成為有力的分析工具，我們必須精準定義歷史變遷，而歷史變遷也要能扮演解釋個人行為差異的重要關鍵。倘若歷史變遷的速度緩慢，必須用好幾年才能開始蔓延，世代標籤之間的尖銳區隔就會造成誤導。小圓和弘樹的世代標籤是「千禧世代」，顯然伴隨他們成長的科技世界，這與湯姆和瑛的世界不同，更遑論克里夫。這個事實也毫無疑問地協助我們理解不同年齡族群的行為差異。但是，如世代標籤想成為有力的分析工具，必須可以實質解釋小圓／拉德西卡與湯姆／瑛之間的差異，同時預測小圓與拉德西卡之間，或湯姆和瑛之間，會有何種相似性。

從這個角度而言，我們或許不應該驚訝，探索世代之間潛在變項的綜合分析研究並未找到重大差異。舉例而言，事實上千禧年世代成員彼此間的價值和行為變化差異，遠遠大於千禧年世代與戰後嬰兒潮世代之間的平均差異。[30]換言之，人就是人。即使我們喜歡在土司上加酪梨，不代表我們就是千禧世代。

真正的危險在於，世代標籤可能只是人口統計學世界的星座，使用隨意制定的日期，藉此判斷一個人的性格和需要。世代標籤導致的普遍化和過度誇大的差異，可能造成有害結果，特別是在企業界。我們在商學院經常聽到的一個說法，就是千禧年世代希望從事有意義、富有彈性，而且有目標的工作。但是，請讓我們退一步思考，**這種工作難道不是所有年齡層都渴望的理想嗎**？為撰寫上一本作品《１００歲的人生戰略》，我們在網站上提供測驗問卷，而在後續分析數千名完成問卷的受試者時，可非常明顯地看出每個人都想從事這種工作。在測驗問卷中，我們詢問受試者對於人生不同層面的評分，以及他們專注的重點。受試者的反應幾乎不受年齡影響，這結果讓我們非常驚訝。年輕人和老年人都願意投資於提升自己的專業技能，積極地看待工作，而且保持振奮心情，也努力保持體能良好。[31]

用德國藝術史學家威廉・品德（Wilhelm Pinder）的話來說，世代標籤的問題在於強調「**同時代的非同時代性**」（non-contemporaneity of contemporaneous）。事實上，每個人都在回應科技和長壽人生帶來的改變。藉由世代標籤的稜鏡，過度單純解釋這個現象，將會消除每個人共同分享的時代脈絡，而只能看見他們的年紀。在科技敘事中，這個現象非常明確。大多數戰後嬰兒潮世代與他們的孫子不同，成長於沒有智慧型手機或社群媒體的環境，但他們的孫子都有「科技悟性」，也是科技的天然使用者。然而這個現象**不代表戰後嬰兒潮世代無法學習**，只代表他們**必須學習**。

戰後嬰兒潮的人們也確實正在學習中。在二〇一二年，美國戰後嬰兒潮世代只有百分之四十使用社群媒體，相較於千禧年世代的百分之八十一。到了二〇一八年，使用社群媒體的千禧年世代比例幾乎沒有增加，而戰後嬰兒潮世代的比例提高至百分之五十七。[32]科技正在改變每個人的生活和溝通方式，而科技的影響絕對不限於特定年齡族群。

上述觀點並非表示縝密的世代標籤之實證經驗研究無法提供有用觀點。如果我們可以橫跨各個世代，重新設計一種生命地圖，不只適用於克里夫、湯姆和瑛，也能夠幫助小圓、弘樹以及拉德西卡，那麼實證經驗研究就是無價之寶。但是，世代標籤經常是懶惰簡單的刻板印象，忽略了重要的時代共同挑戰，當所有年紀的人都在努力建構新的長壽人生時，他們也應該共同迎接挑戰。世代標籤的危險之處在於**過度強調差異**，忽略彼此的相同，因而創造跨世代衝突，而不是跨世代的和諧。

鍛造跨世代的同理心

鍛造世代之間的同理心，是一種避免「世代戰爭」風險的方法。三階段人生敘事導致的年齡區隔，減少我們從最古老且最有益處的人際關係形式獲益的能力——而這種益處可以橫跨世代。不同年紀的人有目標地與彼此互動——在大學、工作場域以及休閒時間——能夠產生彼此相連的感受，並感受到自己的個體性。即使人生的不同階段區隔了彼此，但擁有共同目標依然能讓彼此團結。

鍛造跨世代同理心能夠帶來實際益處。最孤單的兩個年齡層就是年輕族群和年老族群。[33]社會創新必須專注創造年輕族群和年老族群的連結，這是關鍵，也是里茲大學（University of Leeds）研究員喬治娜．賓尼（Georgina Binnie）在里茲大學發起「回信」（Writing Back）筆友計畫時想達成的目標：協助學生和老年人建立連結。這個計畫的目標其實是解決人的孤獨感受，但也可以促進彼此的知識交流，並在社群中促進連結。

想要重新開啟世代連結有賴長期的努力與付出。早在一九七六年，位於東京的一間護理學校和護理之家決定在同一地點合併。相關的努力持續增加中，新加坡政府最近承諾提供十七億英鎊，資助用更好方式迎接老化的新措施，其中包括十間跨世代住家的發展計畫。這種新措施的美好之處是在年老族群和年輕族群之間建立自然的相互連結。更年長的人可以扮演指導和支持年輕人的關鍵角色，用兒童心理學家尤里．布朗芬布倫納（Urie Bronfenbrenner）的話來說：「每個孩子都需要一名以上的成年人，用毫不理性的方式，瘋狂愛護他或她。」[34]

年輕族群的回饋就是讓老年人再度充滿活力。住在「南丁格爾之家」護理中心的八十九歲倫敦人費．賈西亞（Fay Garcia）就有這種感覺。蘋果蜂蜜南丁格爾幼兒園就在同一地點，費一個星期至少會去幼兒園參訪一次。她認為參訪幼稚園是她每個星期的重點行程。社會企業家馬克．費里曼認為，這種經驗就是真正的年輕之泉。他深信科學無法找到長生不老的方法，真正的長生不老之道，是為了支持年輕世代時所同步發生的傳承。正如哈佛大學的喬治．華倫特所說：「生理的能量只會走下坡。」[35]

社群

對大多數人而言，家庭、朋友以及工作的同事是最緊密的社會關係，但社群才是我們日常生活的背景。無論是你家的街坊鄰居，還是你參加的線上團體，這種更廣泛的關係也是構建幸福生活的重要因素。但是正如大多數的生活層面一樣，科技和長壽人生的組合，正在顛覆過去成功的因素，同時讓社會創新有機會重新建構社群的功能。

分裂的社群

我們的社群互動已逐漸變得更數位化，而不是面對面。為與自己的社群成員聯繫，臉書用戶平均每天花費三十九分鐘進行數位互動，而面對面的互動時間則是四十三分鐘。[36]線上商城購物也逐漸取代實際逛街採買，而便宜的外送餐點服務更取代至餐廳用餐。拉德西卡的工作幾乎全都靠網路聯絡，鮮少見到委託人，這個現象讓拉德西卡獲得絕佳機會能與全世界的人一起遠端合作，但也相對地減少她與周遭人們的日常互動機會。我們需要發展社會創新，確保新型態的聯絡方式可以增強，而不是取代讓人性得以繁榮的有益關係。當社群和社會變得更區隔及分裂時，這個目標也變得特別重要。社群分裂的其中一個面向就是獨居人數比例逐漸增加。舉例而言，到了二〇三〇年法國的家戶將有一半獨居人口；日本和英格蘭的獨居人口比例則是百分之四十；美國為百分之三十；韓國則是百分之二十四。

這個現象部分反映老年人的獨居人數。美國現在超過八十五歲的長者只有四分之一住在多世代的家庭，相較於一九四〇年時則是三分之二。他們的孩子通常已經搬至大都市，沒有家庭成員的聯繫，長者容易陷入孤獨境地，而且缺乏日常的關懷照護。在日本，「孤獨死」（kudokushi，意思是孤獨地死亡）已開始引起社會的關注與擔憂。老年人獨自在家死亡，可能數星期、甚至長達數個月都沒人發現。

不過如今科技可以派上用場，日本已經逐漸接受使用自動化機器裝置照顧脆弱的長者。自動化機器擁有自己的「個性」，且幾乎能被視為一種寵物。根據慈善組織 Age UK 的資料顯示，六十五歲以上的人超過百分之四十認為主要的陪伴來源是電視機，因此與智慧型機械的互動似乎是一大改進。對瑛而言，Skype 似乎可說是一個免費的方法，讓她得以聯絡住在兩百英里外的母親。結合母親擁有的亞馬遜智慧型助理 Alexa，瑛可以確保母親能夠與外界聯繫而且安全無虞。但是瑛其實也害怕，各種便利通訊科技所帶來的安全感，也代表她實際探望母親的次數將會大幅減少。

新的科技確實讓人與人的連結變得更便利，也是擁有極大潛力的強效工具，但將無可避免地改變集體經驗的本質。這個現象在約會交友領域中最明顯。一九八〇年，大約百分之三十五的異性戀情侶是「藉由朋友介紹」「工作認識」（百分之二十）、「家人介紹」（百分之十八），或者「大學同學」（百分之二十二）。換言之，他們認識的方式都是實際存在的管道或實體社群中的人際網路。到了二〇一七年，將近百分之四十的情侶都是在網路上認識[37]，且比例逐年增加。

網路交友讓我們開始思考「選擇配偶」的現象，也就是人傾向於和自己相似的人結婚。這個影響在美國特別顯著，一九六〇年代只有四分之一的男性大學畢業生與同樣擁有大學學歷的女性結婚；到了二〇一六年，半數男性大學畢業生與女性大學畢業生結婚。這個結果導致美國的家庭構成如果不是雙方都是高收入，就是教育程度都較低、且收入也可能較低。結果，就是無可避免地讓不平等現象持續惡化。

人們開始「挑選」相似的伴侶，也會選擇住在附近或與自己相似的社群。這個現象必定改變鄰里的本質，而且讓特定地點和地區呈現溢價現象。於是教育程度較高的人選擇與其他同樣教育程度較高的人為伍——在休閒地點和工作地點都是。甚者，為了讓長期通勤的成本降至最低，受過高等教育且薪資優渥的人，也開始選擇住在市中心。這個趨勢進而導致市中心房價上升，排擠低收入家庭，引發更嚴重的經濟區隔。在倫敦等都市，房價的中位數大概是倫敦人收入的十五倍；在香港，這個比例更高（十九．四倍）。[38]因此，他們居住的鄰里社區開始出現貴族化，周圍商店和服務業也轉變為高單價，例如全食超市（Whole Foods）、派樂頓單車（Peloton Bikes），以及露露樂蒙瑜伽

(Lululemon yoga)——都增強了高收入住戶的存在感，並產生排外現象。在舊金山和聖荷西等都市，這個影響已經受到重視，且成為政治議題。但這個現象絕非美國獨有，在歐洲的十三個主要都市中，就有十一個都市從二〇〇一年開始，收入區隔都是呈現增加趨勢。[39]

我們居住的鄰里社群愈來愈有隔閡時，「共有空間」的定義感受也愈來愈薄弱。拉德西卡和許多自由接案工作者一樣最近剛搬入大都市，與最親密的家庭成員距離非常遙遠。由於拉德西卡沒有每天必須前往的工作地點，所以她幾乎不認識其他人。因此對許多人而言，作為一個外部的生命參照，「地點」已經在人生中逐漸失去重要性。正如拉德西卡的個人經驗所示，在成年初期之後，居住的地點已經愈來愈不能反映根源，而且更像是在多重生命階段中不同時期的選擇。

上述現象是否完全無法避免，或者我們可以重新想像地點和社群的意義？我們似乎已經無法回到傳統的社群意義了。但是我們確實可以藉由積極選擇當地的店家消費，而不是在網路上購物；和鄰居而不是和老友與老同事一起組成讀書會；加入居住地的健身房會員，而不是加入鄰近辦公室的健身房，進而重新建構更堅強的社群地點感受。然而，在上述所有例子中，經濟發展的力量都對社群不利。因此身為社會先鋒，我們能夠思考的其他選項，則是創造一個可讓社群成員相聚的新空間。這是倫敦「無退休時代組織」（Age of No Retirement）共同創始人喬納森·柯里（Jonathan Collie）建立「共同空間」（common room）時的目標。[40] 柯里相信，這件事情的重點在於提出重要的社會問題，並創造一個實際空間——也就是一個「共同的空間」，讓所有年齡和背景的人都能在此相聚，進行對話，參與具包容性的活動。柯里的概念只是正在進行的眾多社會實驗之一，希望重新賦予鄰里和社群意義，且更適合滿足人類的需要。

延長參與社群時間

在傳統概念中，三階段人生的最後一個階段，向來都是人們最深入參與社群的時間。在英國，正如全國志工組織理事會（The National Council for Voluntary Organisations，保護英格蘭地區的志工和社群組織）資料所示，人們進入五十歲中期之後，擔任志工意願就會提高；進入六十歲之後又再度提高。隨著人的壽命愈長，並且用更好的健康狀況進入退休年齡，表示未來還有許多年的人生要過，因此志願從事社群工作的人數也會增加。正如馬克·費里曼強調的，「老年人是全世界唯一正在增加的自然資源」。[41]

老年人可以成為關鍵的資源。在歷史上，志工組織是變遷時期的重要角色。以工業革命時期為例，當城市和工廠成長時，許多社群也經歷深刻轉變。數百萬戶家庭搬遷至工廠城鎮，也失去傳統型態的社群支持，例如鄉村的地方教區或教會。隨著時間經過，慈善組織和志工主動協助，進行關鍵的無償工作，建立了新型態的社群機構支持。確實，基督教青年組織（YMCA，一八四四年創立於倫敦）和救世軍（Salvation Army，創立於一八六五年）等慈善組織就是在此時興起。女性從事許多無償工作，特別是富裕、接受過教育且已婚的女性。沒有人期待她們從事有薪工作，她們也不能從事有薪工作——當時的社會普遍共識認為，她們可以藉由志工工作做出貢獻，且通常是在照護領域。其中一個好例子就是英國的皇家志工服務組織（Royal Voluntary Service），原本是女性志工服務組織（Women's Voluntary Service）。一九四三年皇家志工服務組織的人數達到巔峰，超過一百萬名成員。雖然皇家志工服務組織現在依然從事許多重要的慈善工作，但會員人數已經降低至只有二萬五千人。

在慈善活動急速成長的背後，其實潛藏著幾個轉變。許多人知道社會出現問題，願意也有能力協助解決社會問題。但隨著時間經過，政府開始提出政策解決社會問題，而女性也可以從事有薪工作，導致慈善活動因此衰退。而慈善活動的需求減少，有時間提供協助的人數也降低了。我們相信，目前的發展階段將會引發慈善活動的增加。因為現在有明確跡象顯示，科技發展導致一些變遷，且有能力的人也增加了。但這一次參與的主角不是沒有全職工作的女性，而是一群積極且有活力的長者，他們希望能保持參與有意義的社會活動。「安可組織」就是在「安可好夥伴」（Encore Fellows）計畫中投入這類資源，讓接近退休年齡的長者能接受補助，在非營利組織中服務。這種彷彿「安可曲」的職業發展階段其實是三階段人生的自然延伸：呈現創造多階段人生的其中一種方法，同時拓展了「工作」的概念。

社群工作不一定能提供薪資，但是願意付出時間和專業技能的人，都能從中獲得重要獎勵。關於精神健康和生活滿意度的研究結果顯示，參與志工活動能夠創造極大的正面影響。[42]積極參與社群活動的人，可能活得更久[43]，從事社群活動創造的正面意義感受，也有助減低罹患阿茲海默症的風險[44]並降低死亡率。[45]

但是，重點不只是老年的志工。**多階段人生的本質就是解開年紀和人生階段之間的必然關係**。我們可以合理地將社群活動分配至人生所有階段，而非只在退休後才專心參與。這是一個重要觀念，因為研究結果顯示，**志工活動不是退休後才能開始**。[46]參與或從事無償志工活動，是一種值得用一生去培養的習慣或利他心態。正如哈佛法學院教授麥可・桑德爾（Michael Sandel）所說：「利他精神、慷慨、團結以及公民精神不是因為使用次數增加就會消耗的財貨；它們其實更像肌肉，能藉由實際運用而發展茁壯。」[47]

走入「無知之幕」

當社會變得愈區隔與分裂，就會出現一種危險，那就是我們必然容易缺乏對「他人」的認知、理解以及同理心。同理心的衰退，將妨礙社會和政治的積極發展過程，而這種過程可以刺激社會創新，我們需要用社會創新解決問題。解決這個問題的其中一個方法，就是採用哈佛大學政治哲學家約翰・羅爾斯（John Rawls）的設計概念。他提議，如果你正在思考自己希望生活在何種社會，你應該想像自己置身於「無知之幕」（Veil of Ignorance）。[48]在這個情境中，你無法知道自己是誰——你不清楚自己的性別、種族、年齡、健康、智力、專業技能、教育程度，以及宗教信仰。由於你不知道自己的位置，所

以你希望自己從社群中得到什麼？

置身「無知之幕」，強迫你去正面感受其他人如何面對震盪與變遷，而震盪與變遷確實影響所有人。在科技變遷的長壽人生中，所有人都會經歷更多次的震盪，並且承受

更多風險。關鍵的議題在於：震盪將導致何種長期影響？

但是，厄運也很有可能隨時間累積。正如我們曾經討論過的，你的人生愈長久，你的財務情況會更好，你也會有更多資源；你愈積極參與，你的健康和動力愈好，你的預期健康壽命也會更長。但是，時間的累積也可能往反方向移動。較低教育程度，可能導致較低收入，你能夠用於對抗科技衝擊工作和身體健康的資源就更少。如果身處這種景況將會導致更進一步的劣勢，讓你暴露在未來的厄運之中。隨著更漫長的多階段人生，這個趨勢也可能創造更嚴重的分歧和不平等。

然而，「無知之幕」不只是用於形成社會同理心的概念。在更長久的人生中，你擁有許多「可能的自我」。你在未來獲得的可能自我，取決於各種選擇之間的互動關係，以及無法控制的隨機事件。隨著經驗變得更多，勞動市場更浮動，你可以選擇的可能自我增加了，但風險也變得更大。

在兒童遊戲「蛇梯棋」（Snakes & Ladders）中，抵達棋盤右上角的玩家就會獲勝。請想像你正在玩蛇梯棋。你擲出骰子，骰子碰到階梯，代表你可以快速爬上階梯。但是如果你擲出的骰子意外落在蛇的頭部，你就會下降，迅速滑落至棋盤底部。人生可能會有好事，就像骰子碰到階梯，能加速你的提升過程；但也會有其他事件讓你承受挫折。

舉例而言，如果你生了重病，即使你的教育程度很高，能夠重返工作崗位的機會也會大幅降低。[49]填寫問卷時，將自身健康狀況評為「普通、不好或非常不好」的人，就業機率降低百分之二十，即使找到工作，收入也會減少百分之二十。這個現象影響人生的發展，甚至延伸至退休階段，導致退休金減少。

科技的改變是更長壽人生的特徵，我們正在進行的這場遊戲將變得更長久，代表有更多階梯可讓你保持前進，但也有更多蛇妨礙你的腳步。由於種種改變，蛇和階梯的衝擊都會更巨大。

於是，我們應回到「無知之幕」。你面前是一段更長久的人生，以及許多可能的自我。面對不確定，你更不清楚未來的身分，你無法看見未來的可能情景。在這種條件下，你合理的反應是更願意支持並確保政府和社會提供正確機制。你現在可能不是艾絲黛爾，但有一天你可能會陷入她的處境——或者你的小孩會。我們回應眼前轉變的能力，其實需要家庭和社群的支持與保護。

你的人際關係

測驗你的人際關係計畫

是否有足夠時間？思考未來的計畫，你應該考量人際關係帶來的滿足和喜悅——與伴侶、孩子、家人以及朋友的關係。這種「純粹」的關係需要相當可觀的時間——與他人相處的時間，創造相互信任和愛的時間，專注於建立同理心和理解。思考自己想像的生命路徑和階段時，你是否在人際關係中分配足夠時間？如果你的人生計畫有一連串充滿活力的階段，但只有非常有限的休息時間，你可能需要重新回顧，並思考是否創造了足夠的空間。

是否已經與其他人明確討論自己想要的未來目標？當生命變得更長久，也有更多階段，你會擁有更多選擇，以及更多可能結果。然而，新的契機也要求你與最親密的朋友緊密合作，他們可能有自己的計畫，或者還不知道新的未來可能性。你是否使用充足的時間與其他人明確且開放地討論自己想追求的目標，以及這個目標會讓周圍的朋友承受何種改變？

優先審視你的社群

是否會在自己的社群投入時間？仔細思考你正在考慮的人生路徑，依照你未來生活的社群，進行評估。這些社群是否可讓你獲得快樂，並協助你學習成長？思考生命的階段時，你是否有足夠時間投入社群——支持其他社群成員，協助彼此建立長久的鄰里關係？你又能夠如何培養習慣，提高在周圍朋友間的參與程度？

是否會與多重年齡層的族群相處？如果可以花時間與比自己更年長，以及比自己更年輕的朋友相處，你的人生更有機會變得健全且收穫滿滿。當你仔細評估內心思考的生命階段和行動，你認為自己是否可能局限在和自己相同年紀的「少數人區」來往？如果答案是肯定的，你必須深刻思考如何將社交圈拓展至其他年齡族群。建立關係的重點是「**人**」，而非局限在「相同年紀」。

第三部

人類社會的呼應

HUMAN SOCIETY

第六章

企業的因應之道

企業建立的措施、規範以及文化，將是決定人類能否繁榮的關鍵。企業可從事的革新，其實與我們早先提到的社會創新需求一樣廣闊。企業的措施必須配合百歲人生的需求、六十年職業發展的高低起伏，以及嶄新科技需要的彈性。企業的措施還要趕上持續改變的「工作」定義。

許多人都期望成為社會先鋒，改變他們的工作和生活方式。但如果沒有企業組織採取措施支持，他們的期望只會淪為失望。倘若工作的人生歲月相對短暫，承受高壓工作獲得可觀薪資，或許是值得的付出。但當工作的時間延伸至數十年之後，這種高壓類型的工作已不再可行。能讓我們找回活力並以學習為導向的工作，也將因此變得珍貴。

目前有太多的企業政策無法符合追求人類繁

榮的目標。如果企業政策依然缺乏彈性，弘樹和小圓就會受到阻礙，無法實現為人父母的目標；而湯姆也會發現提升專業技能根本沒有意義；瑛則是不能繼續工作至七十歲。

啟動多階段的人生

三階段的人生觀已深植在企業運用勞動力的方式。年輕世代完成教育後，就會獲得企業招募；「有潛力的人」則是在二十歲晚期獲得升遷，在生涯階梯上加快攀爬速度；而他們都會在五十歲晚期或六十歲中期遭逢強迫性地停止繼續工作。所有過程都會同步進行，確保每個人在相同年紀經歷相同階段。藉由強硬地同步化年紀和人生階段，也同步極度簡化人力資源政策，讓個人的期望和動機都淪為仰賴實際年齡的單一思維。

我們可以在此窺見真正的挑戰。多階段人生的其中一個關鍵，就是讓我們可以採用自己的獨特方式，將時間分配至人生所有階段，也能夠透過多種方式，安排所有活動的先後順序。但是為了支持這個關鍵，**企業政策必須打破年紀和人生階段的連結**。我們必須在兩個戰場作戰：第一，創造多重的職場進入點，讓我們可自由選擇提高或減少工作的參與程度。第二，重新構思退休和生產力的意義。

多重的職場進入點

對大多數公司而言，他們只願意為二十歲初期的人敞開大門，除此之外總是大門深鎖。所以弘樹的父親才會如此希望他到公司任職，因為他擔心弘樹如果延誤時機，可能就會錯失良機。父親認為，現在就是弘樹開啟職涯發展的黃金契機。

如果我們希望所有人都有機會體驗多階段人生，進入職場的大門必須在**任何時間點**，對**任何年紀**的人，都保持敞開。思考長達六十年的職業發展生涯時，弘樹知道自己不希望將所有時間都投入在同一間公司。數百萬名青年都與弘樹的想法相同，生涯階梯上也不再充滿由應屆畢業生組成的相同年齡層成員。因此，假如要為公司招募有潛力的未來幹部，不應再仰賴於招募應屆畢業生，而是更著重於如何吸引並發現各種職業發展階段的人才。

如果企業對超過二十歲中期的人緊閉大門，這個現象將會帶來挑戰，那就是只要任何將二十歲初期的時光用來探索世界，尋找自己的專業技能所在和價值的人，就會遭到排斥，企業將損失引進好人才的機會。這些人更喜歡的職場進入時間點可能是三十歲初期。但我們應該關心的重點，也不只是在三十歲初期從探索和學習時期回來的人。所有年紀的人都希望能夠在職場領域獲得新的角色，湯姆、瑛以及艾絲黛爾的故事都是如此。

毫無疑問，企業一定會發現想在各種不同的時間點招募新人才很難。大多數企業都非常擅長將畢業生放入同質性的遴選過程。想要評論更年長的人才在不同領域和職業所獲得的專業技能和穩定性，確實更複雜。這種招募人才方式的轉變，將需要企業從單一的學校成績表現，拓展至更廣泛的相關專業技能分析，甚至可能使用數據分析並建立新的評分標準。企業也必須考量，如果應徵的人才曾選擇試驗探索並嘗試轉型時，可能出現在履歷中的「時間斷層」。在傳統三階段人生觀中，這種「時間斷層」總是遭受質疑眼光。但是從多階段的人生來看，這種時間斷層應受到重視，甚至讚美。

有些公司已經開始實行多重的進入職場時間點。一開始，他們重視重返職場的母親，現在則將範圍拓展至社會所有人才。英國電信公司 O2 實施一項新措施，重點在於歡迎曾休息兩年的人加入。他們舉行十一個星期的有薪培訓，讓受訓者可重新迎接全職工作。英國巴克萊銀行（Barclays Bank）則推出所有年齡都可以參與的學徒計畫，也包括在職業發展中期遭到解雇及較早決定退休的人才。

三階段的人生觀只有一個職場進入點，而這種人生觀的本質是直線發展的——員工歷經數次升遷後，在職涯的某個時間點就會進入高原期。相較之下，多階段人生觀的職涯發展是**非線性**的：有些時期屬於全職工作；有些時期則用於休息，或重新培養專業技能；甚至可以暫停工作，追求更確實的工作—生活平衡。因此，與其因為員工希望進入人生新階段，進而承受失去珍貴員工的風險，對企業來說更合理的措施，其實是提供員工機會，讓員工可以自行決定想提高或減少工作的付出程度。

這種彈性措施非常值得讚賞。這是一種相當珍貴的聘雇與留住人才方式，更重要的是這能吸引像小圓一樣的人，因為該年齡層的青年勞工人數正逐漸萎縮。公司出資補貼員工的教育訓練課程、提供有薪假，或輪流進行社區慈善工作，都是達成上述目標的方法。

更長久的非線性職涯發展人生，也需要我們重新思考職場升遷問題。線性的等級制度升遷結構，導致如果一個人在特定職位工作太久，他的升遷就會遭受妨礙。在家族經營的企業中更是容易引發問題，因為年輕世代的員工必須等待許久，才能獲得管理權。英國王室就是一個非常貼切的例子，在寫作本書時，女王伊莉莎白二世將會以九十三歲高齡，成為英國歷史上最老也服務最久的君王。她的兒子查爾斯親王現在已經七十一歲，如果他最後繼承王位，也將是歷史上年紀最大的繼位國王。長壽人生，代表他還有一段漫長的等待。

為回應這個問題，企業必須創新，將原本的垂直升遷制度改變為**水平升遷**制度。他們可以讓員工獲得新的機會，以更廣泛的方式應用自己的專業技能，或者將專業技能橫向拓展，藉此創造更有彈性的生涯階梯或職涯發展網，使員工可以更輕鬆增加或減少工作的付出程度。這種水平方式的職涯移轉，可被視為職涯發展的一部分，而非職涯發展停滯。

重新構思退休

在關於長壽人生的研究中，其中一個難以忽視的重點就是**年齡的可塑性**，以及賦予我們進入七十歲時依然能夠保持經濟生產力的潛能。正如我們所示，這種經濟活動力對個人財務和社會整體經濟發展都非常關鍵。然而目前許多人都因企業政策規定的退休年齡是六十五歲、六十歲甚至更早而遭到阻礙，無法保持更長久的工作生活。這個現象必須改變——而且要快。

毋庸置疑，政府的管制措施必須參與這次改變，政府要開始積極推動立法，讓企業更難執行以年齡為基礎的退休政策。雖然有些企業提供年長工作者繼續保持就業的機會，但幾乎沒有任何一間公司用有系統的方式，鼓勵人們繼續工作至七十或八十歲。他們只提供二選一：保持全職工作，或完全退休。

二選一絕對不是人們想要、或需要的結果。退休專家喬書亞・賈特鮑恩（Joshua Gotbaum）和布魯斯・沃菲（Bruce Wolfe）認為「大多數人希望退休就像泡熱水澡：也就是緩慢而逐漸地退休」，但現階段的退休「更像冷水澡」。[1] 企業已經開始理解這個事實：最近一項美國研究顯示，大約百分之七十二的雇主認為，員工希望過了退休年齡後仍繼續工作，其中也有近半數雇主開始構思特定形式的階段退休。真正的挑戰在於企業的美麗言詞與實際作為之間的關連——在上述公司中，只有百分之三十一實際同意員工可在退休後繼續兼職以保持工作狀態。[2]

達成目標的其中一個方法，就是設計各種**可以選擇的退休路徑**，包括繼續保持全職工作的可能性，以及用更有彈性的階段方式結束工作生涯。各種選項必須提前討論溝通，因為如果人們正要制定關乎未來的計畫，能夠管理未來的種種可能性也會是關鍵。舉例而言，人們必須知道他們是否可以延後退休、保持彈性工作，而各種選項又會對工作時間和薪資造成何種結果。

有些公司已率先施行相關措施。總部在瑞士的自動化機械跨國公司艾波比（ABB），於員工年滿六十五歲後就會獲邀參加為期三天的研討會，討論他們的職涯發展以及未來的里程碑。員工有機會及早理解自己的各種選項，開始思考未來的可能發展路徑，並發展新的人生平臺。年滿五十五歲的員工，將會和配偶一起聆聽公司提供的簡報，了解關於如何在職場迎接老化、積極的人生規畫、老年的財務和健康管理，以及「年輕與老年世代」等議題。年滿六十歲後，擁有珍貴專業技能的員工也會獲得艾波比公司提供的機會，可轉至公司旗下一間顧問公司 Consenec 任職。Consenec 是一間專家派遣公司，與奇異（General Electric）、龐巴迪（Bombardier）以及安薩爾多能源（Ansaldo Energia）的主管合作處理多元計畫。日本三菱企業集團也有相似做法，該公司設置一間獨立公司：三菱重工，讓已經超過傳統退休年齡的勞工也可以繼續發揮所長。上述兩間公司的規畫都是讓年長員工擔任管理職，而零工經濟則讓更多勞工可重新規畫屆滿退休規定之後的生活。

延展職業發展生涯的一大阻礙是**年齡和薪資**之間的關係。在許多產業領域，薪資都會因年資而增加。結果導致年長員工的薪資成本較高，所以經常也在經濟不景氣時成為第一波遭裁員的對象。我們需要真正的社會創新來解決這個問題。其中一個進步方法就是發展**更有彈性的薪資結構**，結合**更有彈性的年資處理方式**。研究顯示，許多超過六十歲的勞工都願意繼續工作——但通常不是保持全職。最近的一項美國研究調查了超過一千五百名五十五歲以上勞工，許多人都強烈希望可以彈性工作，其中有些人甚至願意接受彈性減薪。事實上，將近一半受訪者願意減少每小時薪資的百分之十；還有百分之二十的受訪者願意減少每小時薪資的百分之二十。[3]如今似乎已經是可公開討論年齡、升遷，以及薪資的時代了。

營造健康快樂的家庭和關係

所謂令人滿足的生活，其目標就是在家庭和更廣泛的社群之間，建立深刻的關係。在稍早的篇幅，我們已經描述用於適應未來的各種方法——有些方法需要時間，另外一些則需要彈性。真正的挑戰難題在於，目前的企業政策，將會顯著妨礙我們培養重要的人際關係。

企業的政策與方針應如何回應長壽人生和科技發展，讓我們可以更輕鬆地使用令人心滿意足的方式，結合工作和家庭？我們是否能夠找到方法，讓弘樹這樣的男人，可以用更快樂的方式參與照顧家人任務（或讓他享受照顧家庭的「痛苦」）；或者確保小圓

圖 6-1 英國和美國女性生子後承受的財務懲罰

資料來源：”Child Penalties Across Countries: Evidence and Explanations”, Kleven, Landais, Posch, Steinhauer, Zweimuller, AEA Papers and Proceeding, 109, 122-126, 2019

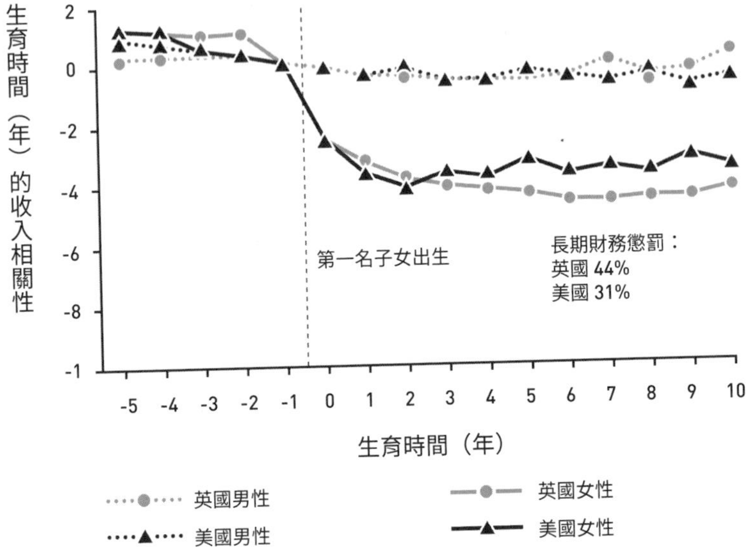

不需在職涯發展和家庭之間做出選擇？隨著老年人口增加，我們有沒有方法兼顧照顧年長親屬的需要？

我們認為確實有方法——但部分需要企業領導人下定決心，改變企業的政策與文化。

扶養家庭的財務懲罰

培養人際關係和照顧家庭的核心議題就是**時間分配**——營造深刻的伴侶關係，建立承諾以及信任都需要時間；陪伴年幼的孩子需要時間；照顧年邁父母，以及聯繫社群成員感情也需要時間。但是在大多數公司，從工作中抽出時間並不容易，通常也會導致我們承受**財務懲罰**。有一群在工作中抽出時間的團體就有這種鮮明感受——正如我們在上頁圖6-1所示，在英國和美國，全職工作的母親第一個孩子出生的時間，大約就是女性薪資和男性薪資相比後開始呈現相對下滑的時間點。這種下滑趨勢不是暫時的，反而隨時間累積，十年後英美兩國女性的薪資對比男性薪資，分別減少百分之四十四以及百分之三十一。[4]

上述因果關係並不明顯。能夠解釋這種性別差異的理由很多，但關鍵決定因素似乎就是企業懲罰要求彈性工作以及無法長時間工作的員工，而且薪資還不是唯一問題。研究結果也顯示，許多全職工作的母親想重返職場時，都會面臨非常多的挫折，有時甚至導致憂鬱。從事全職工作的母親表示，她們的專業技能被視為過時，她們休假生育的時間也被視為毫無產值的缺口，而且她們重返職場時還因為年紀變大而遭受懲罰。或許，這個現象解釋了為什麼全職工作的母親很少回到原本任職的公司——許多人改變任職的產業領域以及職位。她們經常從一般企業轉至社會服務領域，也從傳統由男性主導的職業轉至傳統由女性主導的職業。這個現象也導致性別的收入差異變得更難克服，因為社會服務領域或女性主導的職業，通常薪資較低。[5]

企業顯然必須努力專注處理全職母親的感受，並給予更多支持。現在已有許多措施，包括建立女性的人際網路、「重返工作軌道」（on-ramp）計畫、女性員工保障名額，以及女性員工導師。雖然上述措施很有價值，但尚未取得顯著成果。芝加哥大學布斯商學院（University of Chicago Booth School）的瑪利安娜·貝特朗（Marianne Bertrand）執行的女性和母親相關研究，揭露其中原因。[6]她的結論是，職場性別不平等的核心根本其實是家庭的性別不平等。女性為了照顧家人反而在職場上遭到懲罰，因為男性沒有付出更多在家庭照顧上。這個情況導致女性想發展更進一步的職業生涯時，必須承受不平等的負擔。

為建立更堅強且富有韌性的家庭關係，讓父親角色可以用更多時間與家人相處是一個很好的起點。

支持父親

研究顯示，父親的積極參與可讓兒童與父親本身，以及家庭整體都獲得更好的發展。[7]投入更多家務工作和孩童照護責任的父親，離婚風險較低，而且對生活更滿足。但現在只有一小部分比例的父親有機會，或準備把握機會承擔照護小孩的責任。

實施育嬰假的情況，以及育嬰假為什麼與產假如此不同的理由，在各國都不盡相同。主因是政府和企業的政策，加上盛行的社會態度。許多國家的政府政策歧視父親。在英國，年收入為二萬七千英鎊的女性，在第一年的產假期間可以獲得六星期的國家津貼、每星期的金額為四百六十六英鎊；再加上三十三個星期、每星期可領取一百四十一英鎊的津貼，津貼金額總計為七千四百四十九英鎊。英國男性在兩個星期的育嬰假期間領取的津貼是每星期一百四十一英鎊，總計二百八十二英鎊。因此，父親的津貼金額少了二十六倍——也就是高達百分之九十六的性別津貼差異。同樣差異也複製在職場中，對於女性產假的津貼，許多公司比法定金額更慷慨，但只有不到百分之五的公司願意對男性提供相同津貼措施。[8]

其中一個簡單的解決方法是改變政府的政策。有些國家的政府（瑞典、挪威以及加拿大魁北克）實行「父親育嬰假配額」，內容是讓兩名家長共同獲得固定時間與津貼額度的育嬰假，但如果申請育嬰假的人不是父親，就會損失一定比例的月分額度。

藉由提供更強烈的財務動機，這種政策或許也能解決另一個難以處理的問題——社會對男性擔任育嬰者的刻板規範。這個問題取決於各個國家和文化：在英國，超過半數的父親表示他們不會使用自己的育嬰假，但在瑞典幾乎所有父親都會使用。這個現象是因為瑞典政府在四十年前導入一項性別中立的有薪假制度——每個家庭只要生育一名小孩，就能獲得一百八十天的育嬰假，在假期間還可獲得百分之九十的薪資。瑞典的父母能夠自行決定如何分配使用育嬰假的天數。許多年之後，瑞典的父親才開始使用育嬰假，但瑞典父親使用育嬰假的平均時間可以達到七個星期。

企業政策也有其他轉變。在美國，一群倍受矚目的科技公司開始提供育嬰假。舉例而言，網飛（Netflix）提供一年的有薪育嬰假，在這段期間父母可以自行決定要不要工作，而電子商務公司 Esty 則是提供二十六星期的育嬰假，可以在生子後的前六個月連續使用八星期，但員工也可在生育或收養小孩後的兩年內，自行決定如何使用育嬰假額度。

支持照護者

雖然一般而言，人們正在用更好的方式迎接老化，但社會的年齡變動一定會引發一種新的家庭需求——照顧年邁親屬。中國的一胎化政策已導致許多家庭有四個祖父母，但只有一個孫子，這個趨勢也會讓「育嬰假」產生全新意義。這個現象已經發生了。在英國，八分之一的勞工目前同時從事有薪工作以及承擔無薪的照護責任。[9] 照護的需求不只對個人造成負擔，也影響整體經濟發展。四分之一的英國人無法工作，因為他們必須負擔照護責任；在西班牙，因為相同原因而無法工作者的比例則是三分之一。[10]

展望未來，將會有更多工作人口希望能夠找到時間，或者保持彈性工作，才能照顧年長親屬。正如育嬰假，這個現象也需要企業和政府採取行動。政府可以採用和育嬰假相同的基礎，實施「照護假」。但是，另外一個面向在於不應讓女性承擔不成比例的責任。有鑑於全球女性承擔無薪照顧工作的負擔是男性的二至八倍[11]，照顧家長的照護假也應該導入「兒子」必須負擔的額度。

企業在此也扮演關鍵角色。除了年齡友善政策之外，英國能源公司森特理克（Centrica）也提供一個月的有薪照護假，以及彈性的工作時數。由於成功減少員工無故曠職，且降低員工離職的比例，讓森特理克認為照護假是非常有吸引力的管理政策。

創造彈性文化

許多員工都認為自己的職場經驗相對缺乏彈性。這樣的結果導致如果生命的發展過程出現各種事件，你想要的工作時數，以及你實際上必須完成的工作時數，可能會有落差。研究顯示，倘若人們在生命的某個階段感受這種落差，他們就會在下一個階段換工作，藉此符合自己原本的期待。[12]

企業難以執行彈性工作的部分原因在於，彈性工作違反企業更喜歡的標準化工作時間和作業程序。這個現象導致想要彈性工作並自主控制工作時間的人，通常會得到更低的薪資，也造成一種進退維谷的問題：彈性工作讓人們可以更有餘裕地養育家庭或照顧父母，但每小時的薪資可能會降低，兼顧工作和關係必然引發衝突。如果彈性工作導致企業成本負擔提高，就沒有辦法解決兩性薪資差異的問題。[13]但是，我們有很好的理由相信，企業將會解決這個困境。

第一個理由是**單純的供需法則**。當愈來愈多人開啟多階段的人生之後，也將會要求彈性工作。他們人生的眾多時間點都會出現這種需求：年長的工作者需要不同的退休方式，才能保持彈性；家長希望有更多時間陪小孩；家中有年邁父母的人想履行照顧的責任；人們決定自己想提高或減少工作付出時，也希望擁有能夠彈性調整的工作時間。隨著彈性工作的需求增加，願意接受無彈性工作的人數也會萎縮，嚴重減少企業可招募的人才數量。如果勞動市場大多數人都希望全職工作，企業承擔彈性工作時間的成本就會提高；但如果每個人都希望可以彈性工作，勞動力供需系統就會更容易變更與調整。

保持樂觀的第二個理由是**每星期工作四天**的制度。我們相信，隨著新科技提高生產力，每星期工作四天很有可能就是企業最後採用的常態制度。每星期工作四天讓員工有更多時間可陪伴家人，並結合各種彈性工作的可能方式。

科技發展還有另一個影響。人工智慧和自動機器裝置將會改變工作場域，提供新的彈性工作方法、處理數據資料的新途徑，以及規畫複雜的運作過程。新的科技應該能降低企業提供彈性就業選項的成本。

哈佛大學的克勞迪亞·高爾丁（Claudia Goldin）以及賴瑞·卡茲（Larry Katz）提出的經驗研究也清楚解釋我們如何成功轉型至更有彈性的工作方式，科技又能如何提供協助。企業難以實施彈性工作，是因為許多工作職位都必須要求同一個人長時間進行同一個任務。換言之，**員工無法替代彼此，導致工作缺乏彈性**。但是，科技已經讓特定的產業領域能夠實現員工之間的相互替代。高爾丁和卡茲特別關注美國的藥局產業。[14]在過去數十年的藥局產業中，男性和女性的每小時工資已經達到平等，全職工作者和兼職工作者的每小時薪資也是平等的。這個趨勢增強人們保持彈性工作的能力——也協助他們理解雙方都是全職工作者的複雜伴侶關係。達成這種平等的原因不是政府管制或有意識地推行性別平等政策；相反地這種平等來自企業組織結構、科技投資，以及產品標準化的重大改變。從結構的角度而言，隨著藥局產業整合小型獨立的藥局以及大型連鎖藥局，員工也更容易從其中一間藥局移轉至另一間，也就是說如果某一位員工休息或採取彈性工作，其他員工也更容易接替工作。藥局產業的購買紀錄能力因為投資相關科技而大幅提升，員工更容易取得顧客過去的購買紀錄，代表同一位顧客可以在不同時間點接受不同的藥局員工服務。製藥產品的標準化也影響了藥局商店，讓員工可以替代其他員工服務顧客。顯然地，企業組織結構以及工作職位的設計確實能夠增強工作的彈性程度。

英國電信公司ＢＴ在二十年前推行的實驗措施，也證明了彈性工作不必犧牲生產力：採用彈性工作時間後員工的生產力更高，也更有可能繼續待在公司。[15]自此以後，許多相關措施都出現了，包括聯合利華（Unilever）採用「隨時隨地」（Anytime Anywhere）政策，支持彈性工作，並減少辦公室的成本支出，反而創造更多在家工作以及彈性工時的契機。

鼓勵終生學習

終生學習是長壽新人生的關鍵，而企業則扮演鼓勵學習的關鍵角色。但目前此趨勢並不顯著。由於愈來愈多工作交由接案工作者完成，公司的員工也開始採用行動辦公，因此企業提供教育導向政策的動力將會減少。正如人事顧問公司萬寶華（ManpowerGroup）

執行長喬納斯・普萊辛（Jonas Prising）所說：「企業已不再訓練人才，而是轉向成把工作機會當成一種成本耗費。」[16]英國雇主每年平均只提供剛好超過十六小時的員工訓練[17]，發展與工作有關的專業技能的動力，已經很明確地移轉至員工個人身上。

即使現在的發展如此，但企業勢必得積極支持學習環境。其中一個明顯的動機就是確保員工獲得合宜訓練，能夠使用新的科技技術。另一個動力在於，數位學習平臺創造新的學習方式，也實質減少提供訓練課程的成本。數位學習平臺讓企業有機會進行更好的客製化處理，更容易衡量並監控學習成效。

正如社群媒體創造許多可選擇的閱讀和追蹤內容，企業的學習平臺也有潛力讓每個員工都可選擇自己想閱讀和觀看的教育內容。企業的教育內容能夠進行個人化和專業化的處理，提升員工競爭力，讓員工用自己的節奏工作。[18]聯合利華的員工登入學習平臺後，會收到專業排列的閱讀和觀賞選項。員工在聯合利華的學習平臺提出自己的學習觀點，藉此實現民主化的學習過程。因為學習觀點而獲選的員工也會受邀參加研討會或課程，獲得最高一千美元的出席獎金。隨後，員工製作自己的學習素材放在平臺上，讓其他員工可以參考。至於聯合利華如何挑選獲獎員工？挑選基礎是他們推薦閱讀和觀賞的教材受到其他員工採用及追隨的頻率。正如聯合利華全球學習執行長提姆．慕登（Tim Munden）所說，這種學習的概念是「讓優秀人才可以知道他們和其他員工最需要的學習知識」。[19]

全球各地的公司都在打造相似學習平臺。印度的科技資訊公司「塔塔諮詢服務」（Tata Consultancy Services）創造的內部學習平臺是「Khome」，讓超過四十二萬名員工可以追蹤自己的專業技能成長，藉由他們發展的專業技能，獲得平臺中的虛擬「徽章」獎勵，建立良好職場名譽。

由於低成本的平臺可能引發質疑，有些公司正在進行重大投資，協助員工能夠在職涯發展的全程保持學習。聯合技術公司（United Technologies，UTC）目前正追求實現這個目標，這間公司的業務內容包括替飛機製造公司普萊特和惠特尼（Pratt & Whitney）開發引擎。自一九九六年起，投資員工提升專業技能就是聯合技術公司的優先事項，如果員工希望在工作之餘考取學位，聯合技術公司願意支付最高一萬二千美元的學費。也有人主張，聯合技術公司的政策只是替競爭對手培養人才。但是，聯合技術公司的人力資源副總裁蓋爾．傑克森（Gail Jackson）認為這是一種投資：「我們希望聘請渴望獲得知識的人才。若訓練後他們離開公司，也比不訓練卻讓他們留在公司更好。」[20]

其他投資學習平臺的企業則是位於正在經歷重大變遷的領域。因此，他們的做法不是招募新員工，而是投資在訓練現有人力上。美國電信和媒體公司AT&T擁有超過三十萬名員工，過去十年來其企業經營核心策略已從傳統通訊傳播移轉至大數據和雲端計算。企業政策的重新導向，往往與重新訓練員工的專業技能以及改變專業技能息息相關。AT&T的學習過程起點是每位員工都開始撰寫自己的職業生涯檔案，並記錄專業技能和訓練過程。完成後，他們就可以使用公司提供的「職業生涯發展智慧」資料庫，內容是公司內部目前提供的工作職缺，以及擔任該工作需要重新學習何種專業技能。他們也能參加線上課程平臺Udacity和數間大學一起提供的「大規模開放線上教育課程」（Massive Open Online Courses，MOOC）的奈米學位課程（nanodegrees）。雖然重點在於自我導向的學習，但AT&T公司提供非常優渥的財務資助（在二〇一五年時的總金額是三千萬美元）。

企業致力於推動終生學習的對象，不能只關注在已有專業技能的勞工。星巴克替沒有大學學位的員工支付亞利桑那州立大學線上學位課程的學費。星巴克一共有一萬八千名員工報名，也有二千四百名員工成功取得學位，他們的目標是提升員工學歷，讓員工更容易獲得升遷機會，並提高員工留任率。

停止年齡歧視

美國退休人士協會（AARP）指出，在四十五歲至七十四歲的勞工之中，有三分之二表示自己曾遭到年齡歧視。這現象在矽谷特別嚴重，在過去十年來，最大型的幾間矽谷科技公司面臨的年齡歧視案件，多過種族和性別歧視案件。[21]美國社會面臨的真正問題似乎不是缺乏有勞動力的人，而是缺乏願意讓年長工作者服務的公司。

在這種年齡歧視中（或者說以長相、年齡為基礎的歧視），核心關鍵其實是刻板印象。許多企業的董事會以及人力資源部門都有一種偏見，那就是認為較年長的人比較沒生產力，學習能力也比較低。沒有任何人，比當時年僅二十三歲的臉書執行長馬克·祖克伯更符合年齡歧視的案例，他曾說：「年輕人就是比較聰明。」我們從人口統計學中，幾乎沒辦法主張哪個年齡層顯著地比其他年齡層較聰明。但許多人都接納祖克伯的觀點，也說明了年齡歧視何其嚴重。

但是，對於年長者的觀察不能如此專斷。自一九九〇年開始，美國百分之九十的就業提升都來自超過五十五歲以上的勞工。如果在年齡歧視盛行的情況下美國依然能夠達成此種提升，那麼解決年齡歧視議題，勢必可以創造更大空間的收穫。

三個過時的認知造成企業的年齡歧視，以及企業誤信年長工作者的生產力較低。第一，年長工作者所剩的人生不多，所以更沒興趣重新學習專業技能。第二，年長工作者的教育程度較低，因此生產力較低。第三，年長工作者的體能較受限，因此無法工作。

關於老年工作者所剩人生較少的問題，正如我們稍早已經討論過的，現在七十七歲的人，其剩餘的生命周期等同於一九七二的六十八歲人。相似的道理，我們也知道，隨著職業生涯延長，人們也需要工作更久。上述條件都會激勵較年長的工作者繼續留在職場，並學習新的專業技能。

老年人教育程度較低的刻板印象則是愈來愈過時。舉例而言，在一九五〇年代的美國，平均年齡七十歲的人代表一個特殊族群，只有一半的比例曾經在五歲至十九歲時接受過學校教育。馬克．祖克伯可以說服別人相信，一九五〇年代的年輕人確實比較聰明。到了一九八〇年代，絕大多數的六十五歲人都還不是大學畢業生，因為他們屬於一九四〇年代的一個人口族群，當時二十歲至二十四歲的人只有百分之七曾註冊就讀大學。但是這種情況已經改變了，現在六十歲的人更有可能擁有大學學位。因此，年齡刻板印象並非反映年齡本身，而是反映過去時代的教育政策。

最後一個錯誤認知，則是年長者無法工作。在一九六〇年代初期，這種想法可能是對的，當時美國私人產業部門的半數工作都需要一定程度的重度勞動。[22]然而時至今日，這個比例已經低於百分之二十，而且持續減少。換言之，年長者不只是平均體能條件更好，而且需要體能的工作也減少了。隨著自動化機器可以代替人力，人工智慧能夠成為一定程度的認知輔助工具後，上述趨勢也將更明顯。

維持年長工作者的生產力

在某些強調體力的工作，例如建築、勞動工作及體育賽事，年紀增長確實會降低生產力。相較過去，生產力降低的速度可能會減慢，但隨著年齡增長，人們的生產力將無可避免地減少。三十九歲的羅傑．費德勒（Roger Federer）依然是世界排名第三的網球名將，然而即使他的職業生涯很長，也終究會走到盡頭。這種類型的職業無法讓我們工作至老年，即使自動化機器可以扮演重要的協助角色。

令人驚訝的是，幾乎沒有堅實的研究證據顯示年紀和生產力之間確實有關，當然也沒有辦法證明兩者的因果關係。年齡的可塑性顯示人們不同的老化方式，以及不同產業需要的員工能力也不一樣。事實也證明，還有許多的其他因素，例如教育程度，比年紀更容易影響生產力。這個現象也代表思考人們從事的職業類型，以及打造工作環境的方法，都可以協助人們保持更長久的生產力。

舉例而言，如果討論認知型的工作（cognitive jobs）❶，年長工作者的晶體智力就是一種真正的優勢。寶馬汽車（BMW）位於德國的一間工廠曾經進行生產力研究，明確證明這個優勢。研究結果發現，年長工作者比年輕工作者更有生產力。他們發現，雖然年長工作者確實較有可能犯錯，但年輕工作者更有可能犯下大錯。[23] 年長工作者的經驗和晶體智力似乎可協助他們更知道如何處理問題，並控制問題的範圍。另也有數間公司的證據顯示，年長成員可以提升團隊績效。還有其他研究證據顯示，隨著年齡增長，「咬緊牙關」的能力（一種忍耐的形式）也會提高。[24]

支持更長久職涯發展的最後一個挑戰，則是因為傳統上許多人都是在五十多歲時就不再工作，因此企業在規畫工作發展計畫時，並未將年長者納入考量。其中一個應對選項，就是理解年齡刻板印象已經過時，並鼓勵年長者使用和過去相同的方式繼續工作。這個方式不需重新規畫工作發展，只需善用我們正在用更好的方式迎接老化的這個事實。

還有一個應對方法，則是刻意重新規畫工作內容，支持年長的工作者。其中一個方

❶ 認知型工作是指與學習能力、分析能力以及應用知識能力有關的工作。

法是善用隨著年齡改變的生理節奏——年輕世代可以運用夜間時間，年長世代則是運用在晨間的能量。二〇一九年夏天，麥當勞連鎖餐廳和美國退休人士協會合作，提供二十五萬個年長者工作機會。由於勞動市場緊縮，麥當勞非常難找到願意在早餐時段工作的員工，因此瞄準年長工作者（活用他們在晨間較有活力的生理節奏）確實是很好的應對方式。麥當勞首席人力資源長梅莉莎・柯西（Melissa Kersey）表示：「我們希望讓麥當勞成為一個所有年齡的工作者都能在工作中發揮所長與不斷從中學習，並穩定成長茁壯與發展的工作場所。」[25]

還有其他方式可以減輕體力下降對生產力的負面影響。在我們稍早提到的寶馬汽車組裝工廠，公司替年長工作者準備凳子，同意讓他們用比較緩慢的速度操作組裝線。

另一種應對方式則是創造新的工作角色，或者如同飯店經營者兼作家的奇普・康利（Chip Conley）所說的「現代長者」（Modern Elder）角色。康利以自己曾是 Airbnb 資深團隊成員的經驗為例，描述任職在員工平均年齡只有二十六歲的公司，對五十五歲的他產生何種影響。他下定決心傳承自己的經驗，發揮團隊能力的槓桿效果，協助團隊成員避免犯下常見錯誤。長者也是工作類型學中的新興關鍵角色——或許「現代長者」將會是其中一種新興的工作類型。

倫敦商學院教授朱利安·柏金紹（Julian Birkinshaw）和其他共同作者一起探討年長工作者將不同專業技能帶到工作場域的觀念。[26] 他們調查二十一歲至七十歲的管理階層採用何種管理風格，範圍超過二十個國家，總人數則超過一萬人。他們發現，管理者的年紀愈大，就愈不重視第一印象，而是著重於自己的管理行為如何影響其他員工。相似的道理，年長的管理階層擬定企業營運策略時，比較不重視商業模式，而是著重於預測其他人的情緒反應。柏金紹等人也發現，年長的管理階層更傾向於合作——建立和諧關係、建立相互支持的同盟關係，並傾向預測各種可能發生的問題。

令人驚訝的是，擁有純熟人際技能（human skill）的長者，也被預測將是科技變遷浪潮中，勞動市場的優勢族群。尋找重新定義工作角色的方法，以及讓年長工作者有更好的機會發揮相對優勢而不只是延續更長久的工作生涯，也是協助企業績效提升的關鍵。

為什麼企業應該在意這個問題？

我們提出許多企業必須著手改革的相關議題，而改革可能非常複雜又昂貴，而且令人心煩意亂。我們的訴求理由與基礎，是多階段人生以及更長久職業發展生涯的需要。

然而更根本的問題在於：為什麼企業應該在意這個問題？

事實上許多企業確實不在意。雖然企業可能會採用特定措施，但整體而言企業認為改革的成本太高且難以執行。在上述情況中，我們需要政府立法和管制，強迫企業採取改革措施。但是已有許多企業開始採取改革措施，而這些改革措施正是確保他們保持競爭力的關鍵。

保持敏捷勞動力的重要

近年來，商業思維經常討論到的主題，就是打造一個快速且敏捷的企業環境之必要性。[27]我們已經很清楚地了解到，科技變遷將會使更有彈性的工作方式，以及迅速調整員工執行職務的方式成為必然。為了保持迅速和敏捷，我們必須保有動力和參與感。如果企業的文化和措施讓員工精疲力竭，或者因為無法兼顧家庭、因為無法休息而感到憤怒、因為沒有得到學習支援而感到挫折，或者擔憂自身提升專業技能的速度，那他們的績效必然會迅速衰退。我們在上述篇幅描述的各種措施，不僅可以鞏固企業整體的「敏捷」策略，且可獲得科技發展所帶來的最大效益。

新型企業退休金制度的益處

在過去，加入並繼續任職同一間公司的最大吸引力之一，就是企業退休金。企業退休金通常採取的形式是「確定給付制」（defined benefit），也就是員工領取的退休金金額將是最後薪資的特定比例。企業退休金制度的推行，不是出於社會對勞動力的關懷，而是作為招募人才和提高員工留任忠誠度的主要措施，因為聘請新員工和員工離職造成的成本非常昂貴。退休金制度，讓企業**現在**可輕鬆地用較低廉的薪資聘請一位員工，然後**未來**再支付退休金。企業退休金制度可提高員工留任比例，因為員工待在公司的時間愈久，退休金累積的速度就愈快。不過傳統的企業退休金制度已經變得愈來愈昂貴，因為人類的壽命變得更久，退休後的生命時間也更長，因此企業逐漸不再採用退休金制度。

取代企業退休金的新制度是什麼？多階段生活的本質在於，員工有興趣的不只是未來的財務狀態，還有其他更無形的資產。這些資產可能包括他們的健康、專業技能，以及探索變遷的能力。因此，我們建議**企業應拓展退休金的概念，超越單純地累積未來財務資產，支持並投資員工的無形資產，以及提供能協助員工探索多階段人生的職業發展路徑**。職業生涯中期的休息、使用有薪假接受外部課程訓練的機會，或選擇增加或減少工作投入程度，都能成為廣義企業退休金制度的新內容。

用同樣標準對待消費者和員工

面對年齡歧視的不只是員工，還有消費者。許多企業使用年齡區隔作為呈現市場數據的標準，就是非常明顯的跡象。典型的年齡區隔以五歲為區間，如二十一歲至二十五歲，二十六歲至三十歲。但是超過六十五歲的人，卻往往只有一種市場分類。

這個結果導致企業無法看見最快速成長的「新興市場」，也就是所謂的「銀髮經濟」。根據美國退休人士協會的計算，在美國消費力市場中，超過五十歲人目前的消費能力是七・六兆美元——也是全球第三大經濟市場。年長的消費者將會深度地改變經濟市場，特別是在製藥、健康照護、財務金融以及消費產品等產業（老年生活、照護、與年紀有關的不動產、抗老產品以及旅遊休閒）。[28]但是想要從相關產業獲利，可能不是簡單的企業目標。克里夫和許多同年紀的人一樣，他們不喜歡標示為替老年人設計的產品。他不想接受刻板印象的歧視，或被歸類於「超過六十五歲」的單一標籤；他非常喜歡其他的產品特質，例如容易使用、保健以及衛生。

企業內部對年齡刻板印象的負面影響，也如同鏡子一樣，反射至他們對待年老消費者的方式。正如麻省理工學院的約瑟夫・高夫林所說，企業經常忘了F因素，也就是**快樂**（fun）。約會網站 Match.com 有四分之一的會員年紀介於五十三歲至七十二歲之間，這個事實可能會讓許多企業感到非常訝異。這個年齡層的會員成長人數甚至也是最快的。

縱然許多企業幾乎沒有能力回應老年消費市場的需求，但也有一些企業已經發揮創新的能力。史帝芬・強森（Joseph Coughlin）和凱蒂・費克（Katy Fike）創辦的全球人際網路組織「老化2.0」（Aging 2.0），宗旨是「加速創新，面對老化伴隨的最大挑戰和契機」，他們已經在全球各地超過二十個國家，招募超過四萬名的創新者成員，他們一起合作製作各種產品，用於提升人類在迎接終點之前的社會參與程度和建立生活目標。如果企業可以在招募人才以及提升留任忠誠度時避免年齡歧視，那麼員工就更有可能理解年老消費者的需求。

勞工的稀少性

超過五十五歲的人接連離開勞動市場，導致專業勞工的嚴重短缺。舉例而言，在德國大約四百萬名十五歲至十九歲的人，將會在未來十年進入勞動市場。相較之下，五十五歲至五十九歲的德國人有超過六百萬名，許多人可能都採取三階段的人生，很快就會決定退休。

換言之企業目前面對的局勢，就是離開勞動市場的年齡族群，大過加入勞動市場的年齡族群。百萬名擁有經驗和晶體智力的員工將會離開職場，如果世界各地移民人數開始減少，情況只會變得更惡劣。倘若企業希望避免工資上漲以及損失專業人才，那麼拓展企業本身對勞動力的認知將是關鍵。日本從二〇一二年開始，勞動人口已經減少五百萬名，但同時增加四百五十萬名就業人口。這是因為女性就業人數以及超過六十五歲人的就業人數提高。有鑑於上述趨勢，只要企業能夠招募或留任不屬於傳統重點的勞動人才，就會在老化社會中擁有關鍵競爭優勢。

科技正在改變企業運作的方式，也成為重新構思工作內容的關鍵。長壽人生則是改變人們看待工作和時間的方式，以及探索什麼才是工作的真義。科技和長壽人生正在深刻地影響企業政策。長壽人生和科技之間的連結，將具備前所未有的力量，因此關鍵在於企業必須立刻適應——不只創造人類的繁榮，也能確保企業本身的成功。

第七章

教育領域該如何革新

教育的終極目標是讓我們可以做好迎接生活，以及迎接工作的準備。這是因為在勞動市場中，教育正在和科技競賽。如果你的教育程度能夠保持領先，那麼你的職業發展和收入前景都能繼續保持良好。[1]

在十九世紀晚期以及二十世紀初期，教育和科技之間的競賽，其實是各國政府制定初級和中級義務教育的背後動力。科技進步也影響人們的學習方式。在二十世紀初期，各家工廠採用「泰勒主義」（Taylorism）管理原則，著重標準化作業程序、工作效率以及大規模生產。同樣的管理原則也造就了教育制度和課程大綱的發展：學校開始統一制定教育方針、專業化的授課大綱，並採用分數制度評估學生的成就。標準化的教育制度，可協助校方管理各種學生，更重要的是讓學生能符合現代工作場域的需求——學生習慣接受連續的評估考核、承受長達數小時的久坐工作，並接受領導人物的指揮。

如果沒有改變，這種類型的教育形式只能讓人做好準備，迎接已經不存在的生活方式，從事已經不存在的工作。顯然地，我們需要改變。**一旦人的壽命和工作時間延長，就需要更多教育**。這種額外的教育也必須蔓延至人生的所有階段，而不是集中在人生初期。如果學習不再集中於人生初期，代表人生初期階段的教育，必須減少特殊專業技能與知識，更著重於如何建立終生學習的基礎。正如社會哲學家艾瑞克·霍夫（Eric Hoffer）強調的：「在劇烈變遷的時代，願意學習的人才能繼承未來。那些原本被學習與效法的人物，通常會發現自己最終只能活在不復存在的世界。」[2]

重視人文技能

目前大多數教育內容，都是以「**知識的缺乏**」為基礎。因此，教師的角色就是傳達知識並測驗學生是否能夠記住知識。然而請讀者回憶我們在稍早曾提到，二〇一八年的網路估計流量是一·八皆位元組[3]——換句話說，已經超過人類在歷史上撰寫的所有文字量。這個世界已經從缺乏知識，轉變為充滿知識了。

這個轉變，也要求我們學習的方式和內容都必須進行重大改變。教育系統必須從「學生獲取知識」之前提，轉變為「**學習者獲得技能以及應用能力**」。正如微軟執行長薩提亞．納德拉（Satya Nadella）曾經說過的話：「就長期而言，『學習所有知識』永遠都勝過『知道所有知識』。」[4] 新學習方式的意義在於，從生命的早期階段，教育的內容應該專注在發覺知識的所在、處理矛盾和不確定，以及評估判斷解決特定問題的方法。上述的技能都是漢斯．摩拉維克在「人類優勢地景」中描述的人文精神技能，而且最不可能被機器取代。新的教育意義結合更長久的工作生涯，代表我們必須強調「如何學習和探索」，以及如何「放棄」原有的舊觀念。

新的教育系統需要的不只是人類批判思考的能力，形成假設以及結合各種假設的能力也是重點。有鑑於摩拉維克地景圖中逐漸提高的海平面，溝通、團隊合作，以及人際互動技能的重要性必定會增加。蘋果電腦前零售業務副總裁安琪拉．阿倫斯（Angela Ahrendts）曾說：「社會上的科技愈進步，我們愈應該回到人際連結的基礎。」[5]

超越 STEM

從某種意義而言，強調人文技能其實違背一個受到廣泛認可的觀念，也就是專注於

STEM的發展（STEM是科學、科技、工程以及數學的第一個英文字母縮寫）。毫無疑問地，人工智慧以及自動化機器的未來創新，必定創造更多STEM領域工作。根據預測，到二〇二二年光是英國前三大的數位工作，就會需要五十一萬八千名員工。[6]這個數字是過去十年英國電腦科學（資訊科學）領域畢業生人數的三倍。這個現象似乎顯示，強調STEM的教育應該會在充滿挑戰性的就業市場占有優勢。但相較其他領域，電腦科學領域畢業生的失業率相對較高，因此光是著重數位專業技能，似乎只有非常有限的成果。

如果數位專業技能只是就業的必要條件而不是充分條件，那麼究竟哪些專業技能才是脫穎而出的差異？谷歌一組團隊分析超過一萬名頂尖管理者（其中多數人都有非常優秀的STEM技能）時，他們關心的重點是何種人文特質能夠啟發內在進步。[7]谷歌團隊發現，最能提供貢獻的管理者，都具備高度人文精神的技能，如擅長指導、喚醒他人潛能、關心團隊成員福祉、善於溝通和聆聽，而且擁有明確願景與策略。

雖然不懂操作數位產品以及不擅於操作電腦所帶來的成本將愈來愈高，但這個現象不代表只注重數位專業技能就是好的應對方式。事實上，結合人文精神和數位專業技能兩者，才是真正有價值的教育。因此，大學和其他類型的學校教育，已經愈來愈重視

STEAM課程——也就是納入藝術（Arts），強化原本的科學教育。單獨著重STEM的危險在於，這種教育方式可能過度強調被動吸收科技知識。但就未來而言最重要的其實是更複雜的技能，例如試驗和承擔風險、實驗性的學習與合作，以及用創意方式解決問題。換言之，科學研究方法的指標特質：好奇、形成假設、測試、分析並且反思，才是追求更優良學習品質的關鍵。

成人教育的崛起

Degreed是一間教育科技公司，替其他企業打造終生學習平臺，而任職於Degreed的大衛．布雷克（David Blake）和凱莉．帕馬（Kelly Palmer）提出一個非常有趣的論點。如果你問一個人現在的健康狀況如何，假設他的答案是二十年前曾跑過馬拉松，你會認為他的答案很詭異，而且不算是一個有用的訊息。但如果我們詢問一個人的教育程度，我們卻能夠接受他說二十年前曾在大學主修經濟學，是個相關且有用的訊息。[8]

我們認為健康是必須時刻監控的資訊，而且在人生的每個階段都值得投資。由於科技和教育之間的競賽已經進入新的階段，同樣道理應該適用於教育。倘若工業革命見證了初級和中級教育的急速成長，未來數十年則會目睹成人教育的飛速成長。

「成人教育」其實不是新概念，相關概念其實在企業訓練、夜間進修課程、重返大學，以及遠距學習都已經出現過。但是在說到未來的生活時，成人教育的範疇必須增加，也必須在教育制度中扮演核心角色。成人教育需更貼近成人需求，需更具彈性、更為成年人量身訂做，以及用更多元的方式評估進步程度。

著重於成人

人類繁榮的其中一個標準是探索的能力，也就是學習和轉變的能力，代表我們必須以成人身分繼續保持學習。如果想要滿足成人的學習需求，這個議題需要我們改變學習的方法、教學的人物，以及學習的內容。

根據成人學習（andragogy）方法和實務專家馬爾康．諾爾斯（Malcolm Knowles）的說法，「學習的方法」有幾種特質：必須讓學生參與學習的規畫和評估；必須保持實驗精神，可以從做中學（learn from doing）；必須專注於問題，連結至現實生活經驗；必須能夠直接應用於學習者的工作，以及（或者）個人生活。

當然，學習必須根據年齡而變化，上述特質也很重要。但是，成人教育的一個重要特色，就是所有成人學習者都要同時面對其他占據時間的事務——工作、扶養家庭，或者照護年邁親人。他們也對於找新工作，或者在晚年重返校園接受教育時的心態調整方面，可能抱有非常沉重的焦慮感。以上所有情況都讓成人教育不同於一般教育，也影響了誰該擔任教學人物。

如果現有教育制度想滿足逐漸成長的成人教育需求，就必須改變教育的內容，以及教育的提供方式。教育制度應該特別著重和就業有關的議題，以及個別學習者的特殊需求和環境考量。回首過去，瑛希望自己曾參加提升專業技能的課程，或許學習過一定程度的數位會計能力，就能幫助她保住工作。瑛需要的教育方法必須適用諾爾斯所提出的特質——以事實為基礎的學習、藉由應用獲得競爭力，並建立在既有知識之上。

但是，成人學習的重點不只是和工作機會有關的專業技能，也包括支持人們順利度過轉型。這個重點對艾絲黛爾來說確實非常重要，因為她想學習新的專業技能，成為一位合格的美容師。轉換職業是重大轉型，所以艾絲黛爾需要有人支持她經歷工作身分的改變。對她而言，成人教育學習社群可以提供幫助，讓她有機會和面對相似挑戰與困境的人分享一些經驗。

艾絲黛爾的觀點也著墨到成人教育轉變的另一個特色。多階段人生的核心是一種自我認知，可以周期性重新評估價值、目標，以及促進實際作為的動機。在孩童和青年時期，各級學校環境是性格發展的重要場域，也是建構終生友誼、形成性格和價值觀的場域。隨著人生變得更長久，終生的學習者也需要相同場域，以能夠從第二次性格發展經驗中獲益。如果教育讓人在二十歲初期培養熱情和確立志向，為什麼不能在四十歲、五十歲，甚至六十歲時提供相同幫助？大學協助青少年學習如何以成人身分獨自生活，並從家庭生活空間移轉至職場。我們應該建立相似社群，協助我們度過多階段人生中所創生的成人轉型時刻。

保持彈性以及可探索的空間

在稍早的內容，我們曾經展示各種不同的發展圖像和路徑，證明人在一生中的任何時刻，都要面對重要的抉擇，以及可以探索的可能未來自我。如果學習者可以探索自己選擇的各種路徑，以及創造路徑之間的連結，就能獲得許多益處。教育機構也能夠支持學習者，方法就是清楚說明早期學習內容與往後可能成就之間的連結關係。在三階段人生中，教育機制提供建立職業生涯發展的平臺。在多階段人生，由於將有許多不同的路徑以及可能的自我在眼前，因此教育機構應更富有彈性，而且必須更對應個人獨特的職涯發展路徑。

這個目標對於教育機構來說非常重要。美國喬治亞理工學院的資深領導團隊提出一份未來教育報告，標題是「創造下一代」（Creating the Next）。[9] 委員會團隊的其中一個預測，就是喬治亞理工學院應該準備迎接終生學習者成為該校主要學生，而不是僅限於目前十八歲至二十四歲的年齡層族群。喬治亞理工學院已經開始著手進行，目前共接受三萬三千名「非傳統」的學習者報名就讀多元的終生學習課程。加州大學爾灣分校的職業路徑發展中心（University of Irvine's Division of Career Pathways）也開始重視終生學習者，提供學生和校友職業生涯發展的協助。他們堅定地相信，如果加州大學想要實現終生學習的承諾，就應該做好準備，也應該讓所有年紀的人都可在職涯中獲得相同的協助與服務。轉向終生學習的必然結果，就是在校生和校友之間的區別會變得模糊。

這些最早採取教育制度轉型的機構正經歷一種深刻的轉變，那就是從著重以學位為基礎的教育產品，轉變為發展學習服務，其中包括輔導、諮詢，以及幫助學習者擁有雇主所需要的專業技能。他們也應該提供機會，讓學習者可自行決定如何安排學習和教育。有些人可能會選擇先進行兩年的教育，而不是標準的四年期大學教育，隨後再完成剩餘的兩年教育時間。正如職場需要多重進入點，教育機制也需要創造多重的進入點和出口。

這種彈性設計必會對課程設計產生深刻影響，特別是在課程設計中使用制式化課程，並且增強以課程為基礎的認證證書，而不是以學位為基礎。這種較短期的課程設計優勢在於增強學習者的學習肌肉，確保他們的專業技能可以跟上科技發展腳步，也讓學習者更容易結合對工作和家庭的付出。

我們可以想像上述發展的結果，那就是第三階段的教育將在未來數年會更有變化，且更有彈性。現有三到四年制的標準化課程設計，很明顯地已經無法與人們所期待的彈性相契合。正如企業議題的發展，我們也預測三階段人生的標準化教育結構，將與多階段人生所需要的彈性與客製化教育結構，無可避免地產生衝突。

無齡制度

三階段的人生觀導致教育制度採用極端的年齡區隔。展望未來，終生學習的目標不只是單純地讓更廣泛的年齡族群可以獲得教育，也包括**融合**所有的年齡族群。

許多證據顯示，跨世代融合可以對所有人帶來益處。的確，發展職業相關技能和知識的訓練課程，就是非常好的年齡融合場域。參與課程的人都有一個共同目標：成功就業，而年長者能夠為年輕學生提供相當寶貴的經驗。

這種訓練課程已經開始出現了。二〇一五年，史丹佛醫學院前任院長菲利普．皮佐（Philip Pizzo）創辦史丹佛傑出職業研究中心（Standard Distinguished Careers Institute，DCI）。中心提供一年課程計畫，「讓擁有傑出職業成就的中年人士，有機會重新恢復人生的目標，發展新的人際關係社群並調整狀態，轉型成具備社會影響力的新角色。」[10]重要的是，學員在研讀自己所修的專業課程時，也會和年輕學生一起參加大學部課程。皮佐相信，跨世代的融合不是一年課程計畫的副產品，而是主軸。他堅信，跨世代融合有助增加學習經驗，更重要的是，能夠協助傑出職業研究中心的學員重新獲得活力和目標。由於學員擁有豐富職場經驗，也可以協助指導年輕學生。成人學習朝向這個方向拓展，就能提供良好的契機，打破年齡的「穀倉」❶，協助所有年齡層的成員都能彼此協助。

❶ 穀倉的英文是silo，這個字後來成為管理學的字詞，意思是獨立運作的系統或部門，而作為貶義時，則是指一種狹隘的社會團體狀態、心理狀態。

降低學位依賴

傳統上，決定念大學攻讀學位是非常聰明的決定。以美國經驗為例，在一九八二年至二〇〇一年間，擁有大學學位的美國勞工平均薪資提高百分之三十。同一段時間，只有高中學歷的美國勞工薪資毫無提升。普遍而言，失業率分析研究也顯示教育程度提高將減少失業機率。然而在最近數十年間，大學學位創造的薪資優勢逐漸消失。[11]擁有大學學位的勞工開始屈就於職缺所需條件較低的工作，因為大學畢業生人數，顯著超過高專業技能職位的增加數量和可應徵數量。二〇一六年，英國有超過一半的大學畢業生從事的工作屬於「不需要大學學位」。[12]上述發展的結果，導致學位的價值開始更依賴主修的學科、學習的專業技能，以及頒發學位機構的聲譽。

與此同時，取得學位的成本則愈來愈昂貴。以美國為例，一九八八年至二〇一八年間，在公立學校取得四年制大學學位的成本已經超過通貨膨脹比例的百分之二百。這個趨勢導致嚴重的學生貸款連鎖效應，而美國目前的學生貸款金額為一．五兆美元，甚至高過信用卡債務或汽車貸款債務總額。在一九九八年以前，英國的大學教育本來是免費，但現在每學期的學費已高達九千二百五十英鎊，學生貸款總金額超過一千億英鎊，且正快速增加中。這種現象也造成學生無法如期償還貸款的比例增加。美國有將近百分之十一的學生無法履約償還，英國則是預期只有百分之十七的學生能夠全額償還貸款。大多數人都必須在四十歲以及五十歲時，繼續償還學生貸款。[13]

上述發展趨勢的衝擊在於，隨著教育市場的成長，教育費用的增加將會對非學位教育領域造成不成比例的影響。美國大學生畢業後的平均負債金額是三萬七千美金，而英國學生則是五萬英鎊，因此除非一開始繳交的大學學費也包括終生學習，否則人們只能選擇在晚年參加更短期、成本更低的課程。甚者，倘若人生初期取得學位的價值變得不穩定，更合理的選項是取得制式化課程所頒發之證書，因為證書可以代表知識技能的累積，也代表在人生晚年時期繼續進步。

科技創新正在激勵小型的課程發展，教育科技公司 Udacity 提供的奈米課程就是一個好例子。學生在六到十二個月的時間內，每星期上課十到二十個小時就能完成所有課程，內容是學習能夠從事科技相關工作的專業基礎門檻技能。這種短期課程非常受成年學習者的歡迎，因為課程內容將能學到新的專業技能，有助開拓未來的職業選項。

教育系統應該能夠延續過去一百年來的成長，這是一個好消息。然而壞消息則是成長的重點將是目前尚未受到關注的領域——成人教育、專業技能和就業基礎學習，與可累積的短期制式化課程計畫。[14]教育制度領域應提出有助互信、建立信譽、創造包容性，以及加速科技發展的真正創新。

注意：貨物售出，概不接受退還

教育的目標其實非常基本：學習你所不知道的事物。但這個目標也導致一個問題：如果你不了解某個事物，就無法判斷教育提供的內容是好是壞。舉例而言，湯姆在谷歌上搜尋「程式課程」時，眼前出現大量的「學校」，在各種價格範圍提供線上課程及個人課程。這時，湯姆該如何選擇？

湯姆正面對典型的「資訊不對稱」（asymmetric information）問題——他缺乏足夠知識做出好的選擇。在這種情況下，許多人選擇課程的方式，就是挑選他們認識的人，或其他朋友認識的人。他們不認為自己應該知道「如何」安排教育體驗。

這個議題應該受到教育領域議題的高度重視。**長壽人生顯然將會逐漸需要非學位制度的課程**，以及提供更多元的標準和認證方式。甚者，也會出現大量新型教育機構，有些則是營利型教育機構，這必然導致我們更難準確評估課程內容和授課者。因此，危機在於人們可能浪費金錢在過度誇大的教育產品。當更多人想要安排自己的進修學習時，這個問題就會更顯嚴重。關鍵的議題很明確：正如金融產品必須受到可觀的管制制度審查，教育制度的審查標準也要提高，也就是說必須審視教育提供者針對教育成果的宣傳內容。為達成這個目標，教育產業必須建立教育聯盟和標準，協助並確保潛在學習者可以獲得教育課程主張提供的內容，以及提出一份可靠數據，說明完成課程的學生就業率將成為關鍵指標。如果缺乏公開透明、誠信以及一致的課程評量標準，教育產業很有可能陷入如同金融產業常見的誤導銷售陷阱。

可累積且可隨身的認證制度

想要克服上述的資訊不對等問題，我們必須創造讓雇主和學習者都能欣然接受的認證制度。終生學習代表我們將會用更短暫、更頻繁的時間投入在教育上，因此專業技能發展必須採用累積方式，而且能夠測量（可累積）；且許多公司和不同的產業也必須能夠承認（可隨身）。

認證制度是終生學習的關鍵課題。現有教育認證制度以證書為基礎，如學位。學位的本質就是一張紙，也承諾讓你有潛力獲得重大的財務利益。但是證書是否能夠證明一個人已經累積了非常有用的專業技能？如果真是如此，雇主肯定會更有興趣知道你在所有課程獲得的成績分數。

另一種解釋則是如諾貝爾經濟學獎得主麥可．斯賓塞（Michael Spencer）的「信號理論」（signalling theory）主張，許多雇主都想聘請擁有傑出能力的員工，但他們需要一種識別應徵者的方法。判斷標準可能是難以完成的教育學位（依照學費和因為就讀大學而損失的收入），但學位可能無法保證擁有傑出能力。但是，如果只有能力超群的人可以完成課程，而這便成為雇主尋找的信號。在這個假設下，教育本身無法增加一個人的生產力，但能力較差的人將不會參與課程，因為他們學不到知識，可能也無法通過考驗，也因此教育資格將可以排除能力較差的應徵者。

凱莉．帕馬與大衛．布雷克在他們的共同著作中提出「專家經濟」（Expertise Economy）這一概念，並指出：「如果你將獲得接受哈佛大學教育的機會，但拿不到證書；或者你可以得到哈佛大學的學位證書，但無法參與任何課程，你會選擇何者？」[15] 你的答案將可以清楚表明，你認為教育是可幫助增強生產力的助手，或只是一種信號。

雇主最想得到的資訊，其實是一個人的專業技能以及找出最佳職位候選人的方法。學位證書、推薦信以及面試表現，是目前普遍使用的不完美方法。關鍵的議題很明確：我們需要更好的方法提供認證，以說明一個人曾經學習過的所有知識——無論是在正式教育機構，還是在職場上的成長。我們也需要一個途徑，能夠輕鬆地將制度審核轉變為切合需求的實際評估方式。

大數據和人工智慧可在此扮演關鍵角色，提供測量學習和專業程度的核可方式。正如網飛平臺背後運作的人工智慧可分辨跟預測觀眾的觀影模式，專業技能審核也應該採用相同目標。藉由監測一個人的學習活動（課程經驗、閱讀習慣以及工作經驗），可以形成多面向的專業技能剖析檔案。這個檔案能夠用於分析一個人的現有知識和未來需求之間的差距，然後使用演算法推薦能夠填補差距的課程或測驗。展望未來發展，人工智慧在教育領域所能提供的最大贈禮可能不是一個學習的平臺，而是提供方法，讓我們藉由一個人的行為和成果，評估、監測，並認證一個人的專業知識與能力。

而這樣的發展也令我們開始關注「軟技能」（soft skills）領域——也就是當科技接管大多數工作時所需要的重要人文技能。在一九八〇年至二〇一二年間，需要高層次社會互動的工作機會，在美國勞動市場中提高將近百分之十二；而需要使用高度數學技巧的工作則在同一時期呈現下降趨勢。[16] 眾多成功發展的線上短期課程都著重於程式等科技能力。因此，關鍵就是如何使用人文技能，例如發展同理心、判斷能力以及合作，建立有助就業的課程。[17] 我們希望這種改變可以成為新的發展趨勢，且在虛擬實境科技協助之下，能夠刺激並改善人與人間的實際互動關係。[18]

不過有個大問題是雇主的承認以及相關發展。展望未來，雇主需要多久才能承認新的認證制度；學院機構、私人企業部門、雇主，以及政策推動者又會如何發展新的認證制度？重點在於我們需要政策推動者或學院機構進行系統性的改變，創立新的標準。如果無法達成這個目標，成人教育將無法成為支持長壽人生的基座。

創造包容的學習系統

我們必須讓所有人都獲得終生學習的機會——即使他們失業、任職的小型公司無法給予支持，或者收入無法負擔學習成本。這個主張確實有一部分的社會正義意味——每個人都有權利在逐漸變遷的世界取得成功。甚者，提供大規模的成人教育，也可以確保我們能夠從科技發展和長壽人生中獲得經濟益處，並提高生產力。**如果六十年的職業生涯，只有四十年從事有生產力的工作，剩餘的二十年只能處在失業狀態或從事低薪工作如負責監控智慧型裝置，這其實是經濟發展上的損失，也會是一個社會問題。**

創造包容的學習系統必須是政府關注的高度優先議題，否則成人教育很有可能繼續成為富人的專屬。最常使用成人教育資源的人，其實是已擁有堅強教育背景的人。[19]這個現象讓政府必須更重視拓展成人教育管道，尤其需特別照顧專業技能水準較低，更容易受科技發展衝擊的人。有些國家的政府已開始採取行動。從二〇一六年一月開始，新加坡政府推行名為「專業未來」（SkillsFuture）的專案，鼓勵所有超過二十五歲的公民提升專業技術、重新接受訓練，而且提供新加坡幣五百元（美金三百四十五元）的補助，未來也可申請追加補助金額。新加坡公民可將補助款項用於五百間受認可的機構，其中包括各大學以及大規模開放線上課程。二〇一六年時，這項計畫的預算是每年六億新加坡幣，並且計畫在二〇一九年時將預算提高至十億新加坡幣。

另外一種可能的措施則是政府在公民的終生期間，提供總計十二個月的收入薪資補助，讓公民有條件參與特定形式的就業相關認證訓練。這類計畫將可協助艾絲黛爾實現就讀專業美容師課程的目標。政府也可立法管制企業雇主在一段固定的聘雇時間後，讓員工行使法定權利暫時離開工作崗位去進修一段時間，且雇主必須保留員工的職位，正如目前的產假措施。在特定國家例如美國和新加坡，政府已經開始提供終生學習的減稅額度。但是，成人學習的規模和相關補助措施絕對必須繼續增加。

另一個常見的建議，則是鼓勵民眾創建「個人學習帳戶」。這種措施可在一定的限制金額內，允許民眾獲得稅金補助，將金額歸入用於未來教育需求目標的帳戶，就像鼓勵民眾參與國家退休金制度的稅務補助。政府也可要求企業在聘請員工時，必須存放一定金額在該員工的個人學習帳戶；或者在企業將資遣費歸入員工的個人學習帳戶時，提供更優惠的稅金措施。

有些教育機構向學習者提供「學習收入分配」制度。這個制度的運作方式不同於標準的學生貸款，而是更接近教育機構投資在學生身上。採用學習收入分配制度計畫時，教育機構補助課程費用，直到學生未來薪資超過一定水準之後，再開始償還教育金額。目前的發展是，教育機構普遍在一段特定期間，從學生未來的收入抽取固定比例。由於成人教育在多階段人生的重要性日漸增加，我們也期待社會創新可提出更嶄新的措施，在財務上支持學習者進行終生學習。

但如果成人教育的成本過高，即使提供教育課程的財務補助方法，也無法創造包容的成人學習系統。史丹佛大學傑出職業研究中心課程的成人教育費用，光學費大約就要價七萬美元，這顯然已超過大多數人的可負擔範圍。社會是否能發展相似的成人教育內容，但更便宜？我們希望答案是肯定的。我們的樂觀是來自「瓦利安法則」（Varian's Rule）[20]，該法則認為「預測未來的簡單方法，就是觀察富人現在擁有的一切——中產收入的民眾能不能在十年內擁有相同的事物，而貧困的民眾能不能在二十年內擁有相同的事物」。社會創新必須著重在發展大規模的低成本成人教育計畫，協助人們在生命的關鍵時刻，重新思索自己的人生計畫和目標。

相關的創新實驗已經有了跡象。以英國為例，二〇一七年英國政府出資補助「克里德蘭國家退休金年齡審查」（Cridland Review of the State Pension Age），審查報告內容建議英國應該建立「中年生活檢查制度」（midlife MOT）[21]，想像一種全景式的生活回顧，檢驗自己的專業技能、財務、健康以及人際關係，並評估未來的路徑和目標。許多組織正運用類似概念進行實驗：保險公司英傑華（Aviva and Legal & General）、英國政府部門退休金諮詢服務處（Pensions Advisory Service），以及人力資源顧問公司美世（Mercer）等都在進行試辦計畫。在教育產業，都柏林城市大學（Dublin City University）將自身定位成「年齡友善大學」（Age-Friendly University，AFU），正在經營一個「進階轉型計畫」，目標是提供「最適合你的下一個人生階段所需的工具、資源、學習以及時光」，同時該校也是全球年齡友善大學網路的一分子。

但是，即便社會愈來愈明白終生學習的重要性，在許多國家，成人教育產業部門的經營依然非常艱困，特別是兼職且沒有學位的成人學習。在英國，大學提供的學士學位課程大幅增加，但在二〇〇四年至二〇一六年間，成人學習者的人數幾乎減半。兼職成人教育遭到的打擊最為沉重。如何扭轉這個趨勢，將成為一個重要課題。二〇一七年，麥肯錫全球研究所提出的一份報告明確指出：「成人教育可能需要馬歇爾計畫[2]般的規模，內容包括持續投資及規畫全新訓練模式、提出減輕勞工轉型負擔的計畫和收入補助，並促進公私部門的共同合作。」[22]

用科技輔助終生學習

數位線上資源正是讓大規模民眾能夠負擔教育費用的最佳希望。例如柯爾瑟拉（Coursera）和伊利諾大學厄巴納—香檳大學合作提供的線上企業管理碩士學位，學費只需二萬二千美元——伊利諾大學企業管理碩士一般生學費的三分之一。雖然線上學位一開始的成長情況很好，但迄今為止的發展情況則令人擔憂，而且目前主要供應碩士學位取得。許多大學似乎並未因提供電子學位課程而降低成本，反需同時製作數位和傳統教學內容。

在未來數十年，我們可以預期線上課程領域將得到更多投資。其中一部分的原因是數位教學擁有傳統教室教學所缺乏的特定元素。數位課程具備將學習「遊戲化」的教育優勢與潛力（結合教學和評估成績，而評估成績能夠採用與電腦遊戲相似的實驗過程，讓學習變得更有趣）；更好的個人化體驗；以及藉由大數據，線上課程也能找到把教學做到最大發揮的方式。

雖然科技確實有改革教育的巨大潛力，但我們也應謹記美國社會學家特瑞希・麥克米蘭・柯頓（Tressie McMillan Cottom）的箴言：「如果你相信科技就是解決高等教育所有問題的答案，那你可能不了解科技或高等教育。」[23]

科技學習公司 Udacity 和聖荷西州立大學合作時遇到的挑戰，就是很好的案例。兩者合作的目標是提供三門課程，數學、補救教學以及初級統計學，參與的學生是聖荷西州立大學以及社區大學的學生。一份追蹤研究報告比較 Udacity 課程的學生成績，與傳統面對面教育的學生成績。接受面對面教育的學生之合格率是百分之八十，而線上教學的學生之合格率則低於百分之三十。

但這樣的困境不代表線上課程已經顯現出毫無希望的缺陷，或無法隨時間經過而加以改善。毫無疑問地，我們可以理解目前線上課程的表現為何如此令人失望，也可以提出改進方法。這個案例明確地展現出，融合不同的學生群造成真正的學習障礙：因為有

❷馬歇爾計畫的正式名稱是歐洲復興計畫，內容則是美國對二戰結束之後的歐洲各國進行經濟援助。

些學生無法立刻取得電腦或手持式的智慧型裝置；有些學生則無法結合學習以及其他需求；還有一些學生難以跟上目前的知識水準。所有難題都指出，只仰賴科技不能解決提供終生學習的挑戰。科技確實是強大的工具：讓艾絲黛爾獲得新的機會，參加線上課程，協助她使用更彈性的方式學習。但是，艾絲黛爾想要獲得新的專業技能，這個挑戰遠遠超過彈性學習的範圍。

新的教育系統

雖然教育系統目前處於改變的過程，但仍然只是早期階段。這個現象部分反映了傳統高等教育依然著重於十八歲至二十一歲的學生。改變的重點必須是增加能夠支持終生學習，並重視年長學生需求和動機的教育機構。由於年長學生的相對市場規模，這種教育機構的潛在商機非常龐大。以英國為例，在傳統教育年齡二十歲至二十四歲之間的學生人數為四百二十萬，但終生學習年齡範圍（二十五歲以上）人數則超過四千六百萬。或者再以日本為例，傳統教育年齡範圍的人數只有六百三十萬，但終生學習年齡二十五歲至七十歲的人口數則超過七千三百萬。

這種人口統計上的差異，也已經反映在社會上。二〇一八年，在哈佛大學延伸教育學院（Harvard Extension School，HES）就讀的學生人數，已超過大學其他學院的學生總數。由於終生學習帶來的巨大商機，投資人在這塊領域做出重大投資，也毫不令人意外。二〇一〇年，風險投資基金在教育領域的投資已達到七億美元；到了二〇一八年投資金額則來到七十億美元。甚者，根據教育投資基金GSV資產管理（GSV Asset Management）共同創辦人麥可．摩伊（Michael Moe）的說法，教育領域的投資已經創造八隻「獨角獸」（意思是達到十億美元價值的科技新創公司）。

但是，對於社會創新來說，最重要的面向並非投資金額的多寡。社會極需動態的終生學習過程，同時具備廣度和包容性。哈佛延伸學院院長杭亭頓．蘭伯特（Huntington Lambert）曾說：「我現在唯一的希望，就是推動所有可提供持續學習服務的教育者，能夠服務兩千萬名需要接受重新教育、參與知識經濟的美國民眾，以及全球二十億有相同需求的人。」[24]

教育議題的範圍，其實早已非比尋常。

第八章

政府可以怎麼做

在追求人類繁榮這個目標時，政府應扮演推動者角色；必須立刻採取行動——提供讓所有人能以社會先鋒姿態行動的平臺，並鼓勵他們行動；必須保障並支持在科技變遷中承受逆境的人。

這個角色很關鍵，因為政府擁有其他機構所沒有的可創造改變的權力：徵收稅金、制定補助和福利、立法、管制，以及協調合作。政府必須關注的範疇一直非常廣大，不過我們在此處的討論重點著重在本書探討的各個面向：工作、職業發展生涯、教育，以及人際關係。

在思考這些面向時，可以明顯看出政府目前的施政基礎早已過時。太多政策的基礎假設是三階段人生，以及平均七十年的壽命；企業重視的關鍵資產是實質資產，如機械和不動產；全職工作時期的多數職業發展時間則錨定在單一公司。政府的政策必須面對多階段百歲人生的現實，而企業的價值應該調整成來自無形而非有形資產，且工作的實質內容與形式也將會是彈性工作。這些轉變需要重新調整既有的機構、政策與管制措施，才能將潛在的不良結果發生機率降至最低，並達成良好結果。

為確保不良結果的發生機率能降至最低，政府必須確定每個人都明白替未來做好準備及投資未來的必要性。這個任務很有挑戰性，因為過去數十年來，重大的風險都已經從政府和企業，轉至個人身上。請讀者思考伴隨長壽人生而來的各種風險。在大多數國家，國家退休金的福利已經不再慷慨，同時，企業退休金的確定給付金額也減少了。這個趨勢代表人們必須更仰賴自己的儲蓄，才能支撐他們度過可能非常長久的退休人生。此外，讀者也必須考量科技變遷所帶來的風險。在重大變遷的時刻，訓練的責任也已經從政府和企業，移轉至個人。所以如果人們再不投資自己的進修和教育，那麼失去工作的風險就會增加。最後，請讀者思考與工作有關的風險。過去穩定的全職工作能提供某種程度的固定收入，但伴隨零工經濟興起的接案工作模式之下卻已無法如此。風險從政府移轉至個人，代表政府有重大義務，應該竭盡所能地確保許多人都理解自身必須替未來做好準備。

將不良結果降至最低固然很重要，但政府的角色也包括促成良好的結果產生。政府可創造一種關於未來的新敘事，支持艾絲黛爾、湯姆以及瑛能順利走過職業生涯的十字路口。隨著主動提供勞動市場和專業技能的趨勢變化，能夠協助他們規畫職涯的下一步，確保他們的學習目標可讓自己變得更有生產力且符合勞動市場需求。政府還有一個角色，就是促進創新：舉例而言，藉由設計新的管制規範和法案，確保像瑛這樣的人能夠工作更久；藉由提供教育資源，讓像艾絲黛爾這樣的人可隨時開始終生學習。

避免不良的結果

我們每個人都在日常生活中面對各種不同的風險。舉例而言，你可能擔心家中發生火災，於是安裝煙霧偵測器並購買保險，以藉此減輕風險。但是**面對科技和長壽人生所創生的不確定未來，眼前可能發生的改變之速度、強度以及不可預測性都是大挑戰**。由於你不知道科技對就業的終極影響，也不明白自己可以在長壽人生獲得何種益處，所以根本無法降低風險。況且，面對未來的不確定性也不像房屋保險那樣有特定的避險商品，你無法買到任何能保障自己的措施。由於可能受影響的規模和人數都很可觀，促使政府必須優先重視這項議題。政府應該提供安全網，讓人們可以避免遭遇失業、從事不良工作、陷入財務不安和面臨健康問題等重大風險。

保障個人，不是保障工作

政府能夠採取行動保護勞工降低科技變遷的衝擊，例如為保障計程車司機生計，引進新的管制措施，減緩新科技的應用速度；或者藉由執行更嚴格的安全標準，降低無人卡車的實際使用數量。政府也可以導入法規，禁止企業在未經政府許可的情況下擅自資遣員工，或立法規定企業如資遣一位員工就要繳納大量稅金。

從表面上看來，上述職業保護行動看起來是減少風險的正面措施。但是，這些方法也會造成一些問題。最重要的是，立法管制新科技容易導致經濟系統無法提高生產力，而且也將造成消費者無法享有更低廉的價格和新產品，讓經濟發展陷入低工資—低生產力的困境。此外，如果讓企業難以開除員工，連鎖效應就是使得企業更不願聘請員工。如果不願聘請員工的連鎖效應開始蔓延，就會導致失業率增加。倘若政府希望在科技改變的情況下也能維持就業率，就必須竭盡所能鼓勵創造工作機會，而非阻止工作機會消失。

丹麥政府的「彈性保障」（flexicurity）政策就是強調這種精神，使聘請員工和開除員工的難度相同：失業勞工可獲得福利政策保障以及使用教育措施的權利，再教育措施也能成功讓他們重返職場。換言之，丹麥政府的施政目標在**保護勞工，而不是保護職業**。這種組合方式協助我們可在新科技發展和轉向高工資經濟市場時也能提高生產力，也有助在轉型期間積極支持勞工福利政策。除非因科技變遷伴隨而來的工作機會消失速度過快，政府才應介入以求減緩。

避免不平等

在許多國家，不平等的情況逐漸惡化，已成為一個備受關注的政治議題，且不平等的惡化情況似乎將繼續下去。根據一份以德國數據為基礎的研究報告指出，勞工的教育程度以及勞工因自動化而失去工作的風險，呈現負相關關係。在不需要職業訓練的工作中，有超過半數因自動化而消失的機率為百分之七十；而大學畢業生從事的職業，只有百分之十五的消失機率。[1]資源最少且最無法彈性調整的勞工，最有可能在工作轉變為自動化時，必須被迫承受轉型。政府該如何協助像艾絲黛爾這樣的勞工？

其中一個備受矚目的政策是「無條件基本收入」（universal basic income，ＵＢＩ）。

目前已有一些國家，包括美國、芬蘭、肯亞、荷蘭以及瑞士，都開始試驗性地進行小規模無條件基本收入計畫。無條件基本收入最純粹的形式，就是社會上所有成員，無論年齡、財富以及就業狀況，都會收到一筆固定金額的金錢。換言之，無條件基本收入就是一種公民收入，可以自由應用，而且金額足以支持公民在沒有工作的情況下繼續生活。無條件基本收入支持者認為，在「自動化機器人末日」中，這是一種保障維持生活水準的方法。除此之外，比起目前的各種修補計畫，無條件基本收入更單純，也能夠在幾乎沒有阻礙的情況下，達成普遍照顧民眾的目標。

有些人認為，無條件基本收入不只是一種照顧失業者的方法，也可以達成讓人類專注在更有意義的目標這個任務。藉由提供保障收入，無條件基本收入政策可以釋放所有人心中的創業魂，讓創業不再僅限於有資源且可承擔風險的人才能做到的事。艾絲黛爾終於能夠專注在成為一位專業美容師的目標，並著手成立屬於自己的美容沙龍。每個人將不再需要汲汲營營於賺錢謀生，終於能從自願參與的工作和投資中獲益。換言之，無條件基本收入能夠支持我們去實現更有目標的生活。

另一方面，無條件基本收入的批評者則認為該政策將導致人類負面行為大幅出現。他們擔憂人們面對保障收入的方式——人們可能會不願意從事任何形式的工作，無論有薪或無薪？如果無條件基本收入是為了回應科技發展使得人們失去工作，那麼對於降低工作動力的批判就是不合理的。但是倘若世上還有工作機會存在，關鍵的問題就會是無條件基本收入所導致的工作動力大幅降低情況，是否會大過目前的就業市場？

無條件基本收入的成本也引起某些人的擔憂。由於這種措施採用無條件制度，成本將非常昂貴，而且不見得能幫助到最有需要的人。在最純粹的形式中，無條件基本收入取代所有的既有社會安全計畫（如失業補助、社會補助、退休金以及稅金優惠），可以抵銷原本的國庫支出。這代表無條件基本收入的整體成本，取決於一個國家將會遭到取代的現有福利制度。[2]在有些國家，採用無條件基本收入的預估成本相當昂貴[3]——英國大約是四百四十億英鎊，法國則是二十七億歐元。不過在有些國家，無條件基本收入將會節省支出，義大利能夠節省四百一十億歐元，芬蘭則是節省十五億歐元。

無條件基本收入能不能支持正在經歷就業轉型的人，是一個更加急迫的挑戰。二〇一九年，芬蘭政府終止照顧兩千名失業勞工的無條件基本收入計畫。當計畫結束時，受補助的人覺得自己變得更健康、更有自信、更從容，且讚賞無條件基本收入計畫幾乎沒有官僚的繁文縟節的一面，而且涵蓋的面向更全面。但是無條件基本收入對他們找到工作的機率並沒有任何幫助。相較於其他類型的社會福利安全計畫，無條件基本收入並未提升他們找工作的動機，但也沒有降低他們的動力。

無論採用何種類型的社會保障計畫，核心目標應該都是支持民眾度過轉型，並且增加他們在新創工作機會的任職機率。如果想要達成這個目標，需要讓處於失業時期的勞工獲得訓練以及教育的支持。如果勞工之後找到工作，收入補助也應該在此時轉變為薪資補助。為支持創造新的就業機會，政府應該明白拓展工作的概念究竟是什麼，也必須知道創造工作機會的範圍大過單純就業。因此，如果公民選擇成為自雇工作者，社會安全補助也應該能夠轉變為創業補助。在處理失業問題時，鼓勵社群合作以及培養社會企業精神非常重要。

政府還有另一個增加工作機會的方法。毋庸置疑，教育和重新學習專業技能是支持民眾獲得就業機會的關鍵要素，然而如果勞工需求增加的領域都是需要高度專業技能的職業，這將會超過許多人的能力範圍。因此，政府可在其中扮演的角色為支持中小企業的職業需求，因為工作內容比較不容易自動化，且需要各種人文技能。這個目標代表政府的產業政策不能只偏重科技巨人，也要照顧到小規模企業。換言之，協助艾絲黛爾能夠成立自己的美容沙龍，將是變遷時期維持就業的重要方法。

避免「惡質工作」

依照目前的發展，很有可能愈來愈多人會成為廣義的臨時工作者，導致就業市場變得更險峻，因為他們非常可能以合約承包人或自由接案工作者身分加入零工經濟市場。合約承包或自由接案可能是好工作，例如拉德西卡非常喜歡身為自由接案工作者的自主性和自由度。但對於許多接受「零工時契約」（zero-hours）的人而言（未來的拉德西卡也很有可能如此），缺乏穩定性和公司的支持，可能將帶來真正的風險和壓力。許多新類型的零工經濟並不提供教育訓練，也沒有退休金制度，更不會有假期或給薪病假。這種現象可能會讓人們對於未來的不安全感大幅增強。

政府應該負起責任，向廣義的臨時接案工作者提供稅務優惠，協助滿足他們的退休金、教育以及健康保險需求嗎？或者政府必須推行就業法案，強迫企業將對待勞工的責任與義務延伸至更廣泛的工作上嗎？目前，法律界已經在相關議題扮演重要的角色。二○一八年十二月，英國法庭審理英國獨立工作者公會（ＩＷＧＢ）提出的訴訟案。法院裁決，優步將旗下司機定義為獨立的契約承包工作者而非員工，是一種非法行為，因為優步公司藉此定義，拒絕提供諸如「保障最低薪資」以及「假日薪資津貼」等基本權利。我們可以期待會有更多的相關法律判決出現。

我們在本書中不斷強調彈性工作需求的重要性，由於社會大眾即將進入長壽人生，他們努力想讓工作與生活中其他重要目標保持平衡，如孩子、年邁的家長、學習，以及休息充電。珍惜員工的企業會將彈性工作需求納入公司發展的重點，縱使其他公司並未如此。政府是否應該立法規範更多「勞工可以要求履行的權利」，也是一大關鍵議題，如產假與照護假。

最後，我們應該明白科技不是決定好工作和壞工作的最終定數。我們認為，政府的政策必須回應勞工提升技能或學習新技能之需求，以面對科技變遷的挑戰。這個政策方向也鼓勵企業將科技投資的方向著重於**增強**人類專業技能，而不是**取代**。相較之下，在教育程度較差的勞動力市場，如果企業的投資可以獲得稅金減免，只會鼓勵企業使用人工智慧取代勞動力；這並不是為了適應科技的進步，而是因為這種方法更便宜。這樣的發展只會使得消費與就業環境更形惡化。

藉由保障最低薪資與提出工作場域的相關安全保護措施等政府政策的推出，就能協助提高「好」工作的數量。麻省理工學院的達隆．阿齊默魯教授曾說：「這種措施的頒布通常都得承受拉低就業率的批評，但實際上卻能創造成長的良性循環。因為當勞動力成本提高時，可以促使企業採取升級生產過程的對應方式，進而提高生產力及勞動需求。

相同的道理，藉由確保市場保持活性競爭，政府就能避免企業壟斷產品價格，獲得較高利益，而不需聘請更多勞工。」[4]

避免不好的財務結果

如果沒有做好準備，確實可能承受真正的風險。長壽人生會更容易面臨壽命超過存款的危機。保險公司已經提出以年金形式避免風險的方法，也就是保險客戶支付固定額度的總投資金額，而保險公司將會終生提供固定比例金額，無論客戶的壽命時間多長。這種保險方案的基礎當然是客戶有能力支付固定額度的費用，但還有另一個挑戰需要解決。這種類型的保險方案，容易受「逆選擇」（adverse selection）的影響。簡單來說，比起認為自己壽命較短的人，認為自己壽命較長的人更有可能購買年金保險。因此，保險公司制定年金保險價格時，會假設客戶的健康狀況都高於平均，結果導致許多人認為購買年金保險所必須付出的費用相當高昂。[5]

長壽人生的風險更大了，因為企業紛紛放棄以確定提撥制給付退休金。該制度是指雇主定期提撥薪資的某一比例至員工退休金帳戶，金額取決於員工的服務時間長度及薪資。但由於預期壽命增加，以確定提撥制給付讓退休金變得更高昂，因此大多數企業已經放棄這種制度，改為採取確定給付退休金制度。確定提撥制退休金的金額則取決於員工和雇主的投資額度、金融市場的表現，與員工的壽命長度。改為採用確定給付制退休金計畫，更強調個人的行動和努力，但也讓員工承受更多的長壽風險。政府能夠降低風險的其中一個方法，就是採用社會安全福利機制來保障退休生活。但是，一個人的收入愈高，社會安全機制可提供的保障就愈少。這個現象也代表政府必須提供更好的個人稅務優惠，讓民眾能以年金形式保護退休金。

政府也可鼓勵民眾提高儲蓄金額。美國退休安全國家研究所（National Institute on Retirement Security）估計，美國人在五十五歲至六十四歲退休時的儲蓄金額中位數是〇。即使民眾確實準備了退休金戶頭，平均金額也只有八萬八千美元。在目前的利率之下，這個金額能夠提供的年收入將低於兩千美元。

退休金自動提撥制度是積極增加民眾退休存款的方法，由澳洲政府在一九九二年開始推行。自動提撥制度，要求所有雇主必須提撥最少百分之三的薪資額度至員工的退休儲備金（稱為退休公基金〔superannuation guarantee fund〕）。隨著時間經過，雇主提撥的最低額度逐漸增加，預定在二〇一九年時達到百分之九。退休公基金制度成功的祕訣是採用行為的「**刺激**」。說服民眾存款或實行存款計畫的難度很高，因此自動提撥制度的關鍵在「**退出**」，而不是「加入」。民眾不會積極參與退休金計畫，所以通常也不會積極「退出」。雖然讓勞工執行自動提撥制度的難度相對簡單，但勞動市場的結構逐漸改變也會造成問題——這種計畫要如何照顧到日漸增加的臨時接案工作者？

這個問題其實也是因為我們的壽命變得更長，但在人生早期階段能力較差所導致的挑戰。請想像在六十歲時被診斷罹患失智症，但依然活到九十歲。失智症患者和家人將因此承受巨大的財務和情緒負擔，誰能夠承受這種風險成本？我們可以合理假設一個人的存款能夠負擔一定程度的醫療照護費用，但是難道我們可以合理假設一個人的存款能夠負擔「長期且昂貴」的醫療照顧費用嗎？這個問題，也是對政府治理來說日漸重要的議題。二〇一一年，英國政府委外製作「迪諾特報告」（Dilnot Report），報告內容建議，英國公民終生提撥繳納的社會照護成本上限為三萬五千英鎊（公民的提撥額度依照財富程度提高），且社會保險制度應用於測試各種方法，讓低收入的公民不必提撥收入。如果民眾老化的方式非常多變，提供社會保險機制來保障極端風險產生，確實是非常重要的政策。

減少健康不良問題

克里夫擔憂自己的健康狀態（發病機率），特別關心生命末期可能會陷入長期的健康不良情形。他知道，雖然人生可能會比父親更長久，但額外的生命歲月或許不會全是健康的。好消息是，一份研究報告分析一百九十五個國家從一九九〇年至二〇一五年的數據後指出，「生命周期的健康不良比例，自從一九九〇年開始就非常穩定」。[6] 由於人生泰半時間都是健康的，因此長壽人生獲得的額外時間也都會是健康的。但是，雖然生命周期的健康不良**比例**並未提高，但健康不良的**實際年分**確實增加了。請讀者依照以下方式思考：如果人生有百分之七十的比例是健康的，預期壽命增加十年，代表將增加七年的健康時間，但也增加三年的生病時間。

政府優先處理的議題應該是**減少發病時間**[7]，並**降低民眾在生命末期陷入不良健康狀態的年數**。對於克里夫這樣的人而言，這個議題非常重要。對於我們在第六十頁圖1-3提出的健康照護成本劇烈提高而言，這個議題也相當重要。這代表政策需著重於處理伊利諾大學芝加哥分校的公共衛生教授傑・歐拉軒斯基（Jay Olshansky）所提出的「紅色警戒區域」（red zone）——身體虛弱染病的生命末期時間。[8]

其中一個處理方法是考量年齡的可塑性——理解老化的過程並非固定不變。圖1-3呈現的健康照護成本所引發的擔憂認為，隨著社會逐漸老化，健康照護成本必然增加。但這種觀點其實陷入所謂的「紅鮭魚效應」（red herring effect）[9]——也就是錯誤地將實際年齡視為健康情況的關鍵指標。於是，我們並未察覺真正重要的健康因素：**生物年齡**。我們認為，政府現在應該重視如何改善老化的過程，並減少老化社會的健康支出以及政府債務。

政府能夠如何達成這個目標？從科技觀點來看，支持並資助老化研究是一個睿智的方法，如由谷歌成立的生物科技研究公司「加州生活公司」（Calico）已經投入一千四百億美元研究經費。正如歐拉軒斯基強調的：「如果你可以延緩老化的生物發展過程，即使是稍微減慢人類老化的速度，都會實質改善身體虛弱、失能以及發病機率的所有情況。」[10]年齡研究，確實可以解放生物老化過程。

但就目前而言，最重要的改變是必須讓健康系統的重點，從**改善健康不良狀態**移轉至**延長健康生命周期的預防性措施**。這個改變很有挑戰性，因為健康系統的傳統設計目的是為了治療年輕族群；如果年輕族群生病了，就會介入治療，通常藉由臨床治療方式。整體人口很年輕時，傳統的觀念非常合理；但隨著人口老化，疾病負擔也轉向非傳染疾病時，原本的健康系統就會變得相當昂貴且沒有效率。政府需要達成的目標，就是英國衛生大臣麥特・漢考克（Matt Hancock）所說的，從國家**醫院**系統，轉變為國家**健康**系統。這個目標代表政府應讓健康系統升級，轉變為支持民眾維持獨立、減緩共病症的發生機率，但如果共病症發生了，也要協助民眾管理病症，與病症共同生活。換言之，我們**應專注於健康，而不是疾病**。

想要實現上述改變，我們也應該放棄年齡歧視的觀點。已有證據顯示，在預防性醫學領域中，老年人收到的醫療資源更稀少。然而弔詭的是，如果我們希望限制老化導致的醫療成本支出，醫療資源的傳達應該採取**年齡中立制度**。不讓年老病患獲得醫療治療，其實反映了社會缺乏年齡可塑性的認知。年齡增加的醫療支出並非固定額度，我們能夠藉由醫學干預減少醫療支出，包括老年人也是如此。

科技創新領域已經開始發展出更完善的預防醫學。政府的健康照護系統與數據同步，提供非常豐富的演算法學習基礎，能得出更優質的醫學預測觀點。結合追蹤個人健康狀況的生物指標，我們可以期待預防醫學能夠處理特定健康議題。人工智慧也能提供居家醫學診斷、聯絡醫師和醫院專家，足以實現更頻繁的健康監控。

科技發展讓醫學充滿可以期待的前景，然而影響預防醫學最重要的方法迄今依然相當原始，但這種方法可以達成的結果並不亞於科技發展。抗老化專家、巴克老化研究所執行長（Buck Institute for Research on Aging）艾瑞克・維丁（Eric Verdin）曾說：「運動和營養可能是最好的（抗老化）介入措施，但我們必須等待許久才能實現理想目標。」[11]

政府已經介入這個議題：藉由調整稅金制度，減少民眾的菸酒消費習慣。政府目前的關注重點是糖。二〇一一年，匈牙利成為全球第一個採用糖稅的國家，隨後許多國家開始跟進，包括法國、英國、沙烏地阿拉伯、泰國，以及值得一提的墨西哥，因為資料估計百分之七十的墨西哥公民都有肥胖症問題。

鼓勵公民保持體能健康以及積極運動，必定是政府往後的要務。這個需求相當明確，因為三分之一的歐盟公民並未從事足夠的身體運動，而缺乏運動引發的心臟病、糖尿病以及結腸癌，也占每年死亡率的百分之十。[12]有些地方政府已經採取行動——舉例而言，地方政府和都市規畫專家合作，使都市設計對行人和單車騎士來說更有吸引力，以及創設更多公共空間，在各城鎮間設置可以更輕鬆運動的路線。

提升良好結果的機率

政府在思考如何提高良好結果的機率時，應考量三個核心議題：獲得未來所需的專業技能之途徑、支持健康老化，以及創造長壽經濟。

協助民眾擁有因應未來所需的技能

政府期待公民探索自己的工作人生。但為達成這個目標，勞工需要知道他們的工作可能面對何種改變；在制定未來計畫時，他們也應該明白哪些工作在未來將會很有價值。顯然地，教育機構和企業在這方面都扮演要角。但是，我們也擔憂教育機構和企業的觀點過於片面和偏頗。政府應在此時發揮重要功能。政府能夠從各種不同的來源和利害關係人（各級學校和大學、訓練師、人才招募機構、雇主以及職業中心）蒐集資料，描繪特定職業和專業技能的現況和未來需求，創造重要的公共財，藉此履行政府職責。舉例而言，德國聯邦勞工和社會事務部曾與許多利害關係人針對二〇三〇年的勞動未來，進行長達兩年的交流。

描繪職業和專業技能的現況和未來需求固然重要，但真正的挑戰在於讓最需要的人，可以獲得資訊。德國聯邦勞工和社會事務部將此視為優先。首先，德國政府部門和數間職業技能訓練機構合作，分享未來專業技能發展資料，讓機構能設計符合需求的課程大綱。再藉由德國就業服務網路，將技能地圖傳遞給公民，也協助民眾理解目前的職業發展前景，以及公民的調適方向。最後，德國政府部門和企業公司以及勞資會議緊密合作，鼓勵他們創造更創新的空間，嘗試各種新型學習和工作方法。

英國政府資助成立的創新基金會「奈斯塔」（Nesta，National Endowment for Science, Technology, and Art 的縮寫）正在進行「開放工作」計畫。這個計畫鼓勵特定城市或部門領域的求職者使用即時呈現求才廣告的當地地圖，探索不同職業和專業技能至二〇三〇年的發展情況。他們期待企業和教育機構能夠取得未來職業發展資訊，藉此設計並提供提升專業技能的計畫。艾絲黛爾獲得協助後，就可以得知她對收銀員工作即將遭到自動化取代的恐懼確實是真的，於是更有動力追求成為專業美容師的訓練。

執行相關措施時，國家部門和地方政府各自推行的計畫必須達成平衡，這是非常關鍵的事項。縱然國家有充分的發揮空間，但我們應期待城市、城鎮和區域出現更多創新和社會創業精神。部分原因是長壽人生和科技發展在各地的影響不同，光是國家政策可能不足以應對。但重點不只如此：地方創新可以讓社會先鋒有更多空間，能夠進行實驗，並了解在各自的社群中真正有效的計畫。

健康地老化

政府還有許多空間可努力減少不良的結果發生，特別是在分配健康和醫療干預資源。本書的其中一個重要主題就是老化的重複回歸效果。**現在的年輕人是未來的老年人，而年輕人今天的作為，將影響未來他們老化的方式**。老年健康的變化有四分之一取決於基因，其餘則是強烈受到採取健康行為的比例和生命經歷多少不平等情勢的累積之影響。[13]這個議題應該進入政府的主要議程，而其論證範圍也必須超越健康、醫學以及運動層次的討論，將關切視角擴大至思考空氣汙染、工作壓力、財務焦慮、孤獨，以及不良的人際關係對現在和未來健康狀態的影響。

政府可以大有作為，用積極的方式，扭轉關於老化社會的悲觀論點。二〇一七年時，日本當時的首相安倍推行「打造百歲人生社會委員會」（Council for Designing 100-Year Life Society），宗旨就是讓關鍵的利害關係人（政府部門、工會，以及教育提供機構）能夠彼此對話，並提升公民意識，讓他們知道自己能夠如何投資更長久的未來。委員會也設計了各種政策解決方案，希望促進社會轉型與改變。

政府必須用更實際的方式處理長壽人生的資料，這點也非常重要。政府目前表達預期壽命資料的方式，導致民眾低估自己的人生長度，因此並未做好準備。造成這個問題的理由在於，政府評估預期壽命時，專注於**定期測量**的預期壽命。舉例而言，目前英國政府對平均年齡的定期測量結果是男性預期壽命七十九．二歲，女性則是八十二．九歲。政府的預估壽命數字很重要——這些數字會受到媒體討論，也會成為政府資料的主軸，更是大多數公民非常清楚的數字。但是，政府的定期測量預期壽命並非最合適的數據；使用替代性的「**年齡層族群**」**測量法**更有用，所以英國目前的預期壽命也會變成男性平均壽命八十九．六歲，女性平均壽命九十二．二歲。換言之，公民更能做好準備，迎接額外的十年人生。

定期測量以及年齡層族群的測量方式差異何在？定期測量方法的預期壽命假設二〇一九年出生的小孩，終生的醫療水準停留在二〇一九年——因此，當他們在二〇八四年達到六十五歲時，他們存活至六十六歲的機率，等同於二〇一九年的六十五歲人。考慮醫學發展的歷史，這種假設過於保守。相較之下，年齡層族群的預期壽命計算方式納入死亡率改善的因素，因此二〇八四年的六十五歲人，能夠活到六十六歲的機率，應比現在六十五歲人活到六十六歲的機率**更高**。如果政府希望譜寫健康老化的人生故事，必須更專注於以年齡層族群方式測量的預期壽命。忽略注意這個差異的危險在於，如果公民無法採用更長久的觀點，結果就是將不會對未來進行足夠投資。

長壽經濟

政府愈成功支持民眾進入健康的長壽人生，達成「長壽經濟」的目標也就愈重要。為回應更長久、更有生產力的人生，這種方法將會確保經濟成長（而不是衰退）。想要達成這個目標，我們應該重新設計各種機構和政策，讓民眾不只活得更久，也能夠保持更長久的生產力。真正的挑戰在於——目前政策的基礎都是實際年齡以及三階段人生的假設。這個現象必然導致「**年齡停滯**」——停滯於實際年齡的測量方式，生物年齡的改善無法裨益經濟發展。

創造長壽經濟的起點是取得正確的指標和資料。我們習慣用於描述高齡社會的其中一個核心指標就是「扶老比」（old-age dependency ratio，ＯＡＤＲ），這個比例是指超過六十五歲（傳統假設的退休年紀）和工作年齡（十六歲至六十四歲）的人口比例。這是非常粗糙的指標，用來表達每位勞工必須扶養的退休人數。

全球扶老比大約是〇．二五——也就是四名勞工扶養一名退休人士。到了二一〇〇年，全球扶老比將會達到〇．五；在特定的已開發經濟體（例如日本），扶老比則是一。扶老比持續增加其實是高齡社會的重點問題，也強化經濟成長逐漸趨緩以及政府負債增加的擔憂及恐懼。

我們認為，現在正是不再使用以扶老比作為經濟分析工具的時刻。我們提出三個論述。第一，扶老比假設所有低於六十五歲的人都在工作；而所有超過六十五歲的人都已經不再工作：這是一種不精準的描述。其次，「老人就是依賴年輕人」，這是一種誤導的概念，讓我們無法察覺市場已逐漸開始依賴「銀髮市場」的經濟力量，也就是年長者的消費能力來創造新的職業需求。第三，扶老比無法捕捉社會循環依賴的特質——如今的老年人，是過去曾繳納稅金支持現在工作者的教育和健康照護系統的人。這些都是非常重要的議題，扶老比假設超過六十五歲的人必須依賴年輕世代，導致跨世代衝突變得更惡化，而非強化複雜的跨世代團結。

但是還有一個更根本的問題，那就是將超過六十五歲的人定義為「老」。正如我們曾經提出的主張，以實際年齡為基礎的定義方式，無法凸顯年齡的可塑性，也因此排斥長壽經濟的可能性。為理解上述的論述，我們必須思考**年齡通貨膨脹**概念——由於生物年齡的改善，所以實際年齡必須進行調整。假設「老年人」死亡率等同於一九五〇年的

圖 8-1 扶老比：傳統計算結果以及根據年齡通貨膨脹調整之後的結果

資料來源：作者群的計算

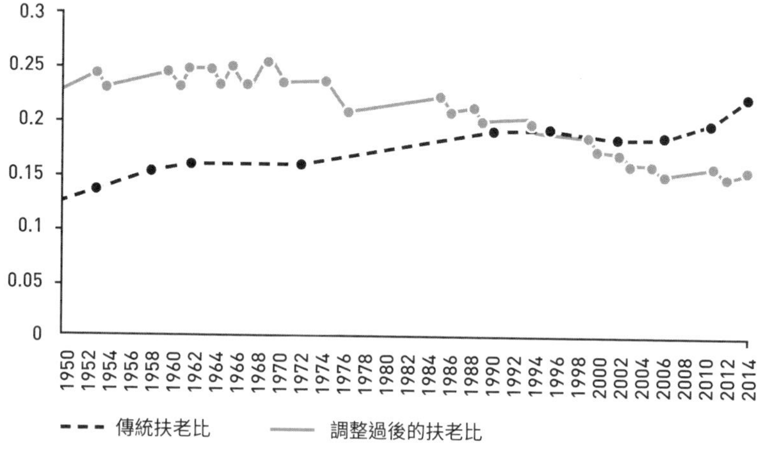

六十五歲人，以美國為例，實際年齡調整過後，扶老比的情況將會非常不同。我們將結果呈現於圖8-1。使用「六十五歲或以上年齡等於老年」的定義，使扶老比隨著時間增加——勞工人數更少、退休金支出更高以及健康照護成本更高，導致經濟市場承受壓力。但如果改用年齡通貨膨脹調整，扶老比就會下降——整體敘事就會變成人口總數用更好的方式迎接老化，潛在勞動力也增加了。對於經濟市場而言，這是一個好消息。

超過六十五歲的勞動人口增加，對總體經濟將會產生非常實質的正面影響。英國估計，退休年齡增加一歲，國內生產毛額就會增加百分之一。[14]如果民眾更健康，保持更久的生產力，應該能夠刺激經濟市場，如果加上適當的政策支持的話，效果將會非常可觀。

為掌握長壽經濟的優勢，政府必須竭盡所能，鼓勵並支持民眾工作更久。一個非常明顯的措施，也是各國政府已經採用的政策，就是**延後退休年齡**。但這個措施是不夠的。「年齡停滯」現象的範圍非常廣泛，不只限於退休，其他政府部門以及企業政策都有這個問題，例如健康政策和教育方針。真正的危險在於，倘若政府提高退休年齡，但沒有採用增加生產力的其他措施，只會導致更多老年人失業。提高退休年齡必須伴隨涵蓋面更廣泛的政策，目標不只是協助民眾擁有更長久的職涯，而是更長久且保持生產力的職涯。

不過政府在施政時也應該體認到，**預期壽命有非常可觀的不平等現象**，不是每個人都能在迎接老化時保持健康。因此，提高退休年齡可能會實際造成某些人的退休生活完全消失。政府必須確保稅務機制和社會福利系統可以合作，能夠工作更久的人也會因此獲得動機，同時保障健康狀況不良的人也可在退休時獲得合理收入。如果在未來，一個人工作愈久，就能獲得更多國家退休金（正如日本政府的政策），讓退休就像想去「泡個舒服的溫水澡」，而不是像現在好像淋了一場突發的「冷水澡」。

政策鼓勵超過六十五歲者繼續工作所引發的反對意見，則是害怕年輕人將因此失去工作機會。從表面上看來，這種擔憂似乎很合理，但現實情況卻並非如此。為理解經濟系統如何應對超過六十歲的人進入工作市場，請讀者思考二十一世紀女性勞動力增加的例子。一九五〇年，美國超過五十歲的女性，只有百分之三十四進入勞動市場（人數為一千七百萬）；到了二〇一七年，比例已經提高至百分之五十七（人數為七千一百萬）。女性並未奪走男性的工作——在相同時間，男性的工作機會增加四千一百萬個。

美國如何創造如此多的新工作機會，讓更多女性可以工作，且並未犧牲男性的工作機會？由於更多女性投入職場，每戶家庭的收入和支出增加，促進美國經濟成長，也創造更多工作需求。我們可以預期，更多超過六十五歲的人投入工作後，也會出現相似的循環——他們的收入與支出都增加，最後就能刺激經濟成長。由於工作的數量並非固定分配，工作的整體增加將不會造成跨世代衝突。

我們可藉由觀察美國的經濟趨勢，模擬超過六十五歲的人開始工作後的可能發展。在六十五歲至七十四歲的人之中，只有百分之二十七目前正在工作——五十五歲至六十四歲，則有百分之六十四的工作比例。因此，問題在於：如果我們希望到了二〇五〇年，六十五歲至七十四歲人口的工作比例，等於現在五十五歲至六十四歲人口的工作比例，需要創造多少工作機會？

展望二〇五〇年，六十五歲至七十四歲的人口預估會有三千九百萬人。如果其中百分之六十四希望能夠工作，代表一共需要二千五百萬個工作機會，也就是除了該年齡層目前的工作機會之外，還要增加一千七百五十萬個工作機會。為因應工作需求增加，美國經濟必須從現在開始到二〇五〇年之間，每年增加五十萬個工作機會。這個數字聽起來可能很多，但實際上小於女性進入職場時需要創造的工作機會，也低於美國目前每年平均創造的工作機會。自從二〇〇〇年開始，美國平均每年創造九十七萬五千個工作機會。事實上，**適應長壽經濟，不需要勞動市場進行任何非比尋常的改變**。

更廣泛的探討

建構未來社會時，如果希望可以受益於長壽人生和科技發展，就必須傾聽各種聲音。我們現在面臨的真正危機在於，新科技的使用方式都是基於企業的財務考量，對於長壽人生的回應也只限於各國政府，基於擔憂高齡社會與公共財務問題。倘若社會創新想要成功，就必須聆聽所有人的心聲。

我們一直在本書強調準備迎接未來時，自我依賴的重要性。我們也討論了政府和企業對於每個人的義務。然而，最深層的權利義務網，其實就在我們每個人和更廣泛的社群成員之間。回首工業革命時期，貿易工會以及勞工運動團體是代表社群和勞工需求的重要角色，慈善組織和友善的協會則是重要的運動勢力。這些社會運動團體不只是倡議團體，也是採用會員制度的協會組織，強制或期待會員間能夠擁有互惠的支持和義務。二十一世紀是否能夠出現相似的社會運動，協助政府形成並擴大正確的生命敘事，將是一個重要關鍵。

超越國內生產毛額的思考

政府的敘事部分取決於受到關注的指標，以及描述各種指標的方式。所以我們認為政府應該改變計算預期壽命的方式（使用年齡層族群而不是定期測量），以及扶老比（根據年齡通貨膨脹進行調整）。

但是，受到最多關注的指標是國內生產毛額，這個概念由哈佛大學的西門·顧志耐（Simon Kuznets）在一九三四年首先提出。[15] 對於大多數民眾而言，這是他們熟悉的指標，而國內生產毛額的起伏也被視為一個社會是否成功的指標。國內生產毛額是指一個國家的經濟市場生產財貨和服務金額的總數，毫不令人意外地，國內生產毛額受到廣泛應用，也招致眾多批判和誤解。對於國內生產毛額的批判同時著重「蓄犯之罪」（sins of commission，國內生產毛額無法妥善處理應該評估的指標）以及「疏忽之罪」（sins of omission，國內生產毛額無法評估重要的指標）。

政府是否該採用其他變數，如公民的福祉和幸福，作為取代國內生產毛額的導引指標？阿拉伯聯合大公國已經任命一位官員擔任公民幸福部部長，而紐西蘭財務部長格蘭特・羅伯森（Grant Robertson）也在二〇一八年時提撥該國歷史上首次的公民幸福預算。在提撥預算的演說上，羅伯森強調，「重視公民的幸福需要不同途徑和不同指標……我們希望採用更寬廣的觀點看待成功，而非僅關注簡單的指標，如國內生產毛額。雖然國內生產毛額是重要的經濟生產指標，但並無法完整體現民眾的生活是否幸福。」[16]

上述議題非常關鍵。在我們描述的變遷時期，找到正確的指標和敘事似乎更重要。當然，作為經濟和財務政策的船舵，國內生產毛額和就業數據依然會是重要指標。但是，正如「恩格斯的停頓」所示，國內生產毛額增加不必然能改善個人的生活幸福程度。為了捕捉每個人的感受，創造更準確的敘事，政府必須採用更廣泛的指標，評估政策如何協助民眾度過變遷時期。這種更廣泛的指標必須涵蓋變遷時期的心理和社會成本，才能協助我們更妥善理解民眾和社群被影響的情況。

心理和社會成本必須包括好工作和壞工作的平衡，民眾是否自願轉為臨時接案工作者，或臨時接案工作只是最後的手段。社會指標也應該能夠衡量社群的團結和活力。換言之，政府需要準確測量變遷時期生活的各種特質，以及經濟市場的最後規模。

重新設計政治系統

科技從根本上重新塑造了各種概念，如「勞動」以及「資本」，也代表政府應該找到課稅、重分配和管制的新方法。以就業的概念為例，在歷史上，貧窮的主因就是沒有工作——無論是未就業或失業。作為回應，許多國家發展福利機制的基礎，就是民眾是否擁有工作。但隨著零工經濟興起，貧窮和失業間的關係變得更複雜。艾絲黛爾有工作，但薪資很低且工作時間不固定，這代表她經常得面臨財務困境。

關鍵的問題在於，零工經濟中，「工作」的意義到底是什麼？「職業」依然是一個合理的概念嗎？正如工作和勞工的概念已經改變了，資本的概念也改變了：優步主張自己不是一間運輸公司，因為並未擁有任何運輸形式的工具；臉書也宣稱自己不是媒體公司，因為並未創造媒體內容；eBay 以及阿里巴巴是大型零售網站，兩者卻沒有任何存貨；Airbnb 的市值是希爾頓飯店的兩倍，但本身並未擁有或經營任何不動產。上述公司和其他更多公司的價值，都是基於無形資本（反映品牌投資、研究發展能力、智慧財產以及設計），而不是實質資本（工廠、儀器以及辦公室等）。何謂資本、何謂職業，以及工作的方式都在發生轉變，而轉變也滋生嚴重的緊張關係，因為現有的稅金和福利系統無法實現理想的目標。

各種轉變也正在影響著政治發展過程。部分原因在於，政黨的歷史發展輪廓都是奠基於傳統的勞動和資本概念。由於相關概念已經無法有效描述現代世界，各種變遷移轉也正在促發政治動盪。非典型政黨和領導者的出現，其實是因為傳統政黨無法合作以應付當代問題。

長壽人生也讓民主制度承受壓力。當社會進入高齡化，人的壽命更長久，社會必須重新思考應該傾聽誰的聲音。如果民眾已經做好準備迎接更長久的未來，社會是否應該多傾聽年輕世代的聲音，以避免讓社會輿論不公平地充斥著年長者的聲音？劍橋大學的大衛．朗希曼（David Runciman）提出這個觀點。他主張六歲以上的人應該參與投票，否則高齡社會可能會造成民主危機，進而創造出一個偏頗的政府，不利於推行長期計畫。朗希曼指出，全球大多數社會的倒三角形結構，代表十八歲的年齡層人數完全無法與長者抗衡，因為年長者將可以終生投票。

我們認為，假設長者展望未來的意願低於六歲的公民，這其實是一種年齡歧視。但朗希曼確實掌握到一個重點。這個世界必須同時面對長壽人生和科技進步的到來，所以跨世代平等絕對是一個重要議題。比起老年人，我們現在必須完成的改變，將影響年輕世代更久——因此，年輕世代的心聲是否被聽見，是非常重要的一件事。

我們所有人都必須重新構思生活與社會的形式，也應該確保所有世代都能夠團結，共同擘畫更有人性的未來。

我們在這本書中曾經鼓勵個人必須勇於扮演探索和開拓的角色，但政府的角色其實也非常重要。如果我們希望成功度過變遷時期，積極面對科技和長壽人生帶來的改變，那麼將同時需要社會創新，以及政府創新。

【後記】

展望未來

我們所有人都身處變遷時期的早期階段，無論是個人，或是身為社會的一分子，我們建構生活與學習如何持續維持繁榮的方式都將產生深刻改變。在未來數年，我們將會見證更加非比尋常的人類創新。人工智慧和自動化機器裝置，必定會有驚人的突破成長進而改善我們的老化方式，也將會出現更多證據顯示高齡社會將造成的影響，且我們建立家庭和社群的方式也將出現諸多前所未有的多元發展。

如果我們希望為未來做好準備，所有人都必須洞察及理解未來的發展。但是，重點依然是我們該怎麼行動。我們如何檢視維持人類繁榮的各種假設；我們如何獲得成為社會先鋒的勇氣；我們又該如何抓住非比尋常的變遷時期所帶來的契機。

各種社會機構——無論是政府、企業還是教育機構，都尚未跟上我們的期盼，這的確令我們感到有些沮喪。然而弔詭的是，制度的不完備也創造了廣袤的自我表達和集體行動空間。因此，與其等待社會制度的掌舵與帶領，更合理的方法其實是持續在社會中尋找有趣的行為創新。既然我們的思維和行動必定不同於過去世代，正在浮現的各種新生活方式就是關鍵。的確，如果你無法採用不同的思維和行動，你很有可能尚未做好準備，迎接已經改變、也正在改變的世界。

我們想要表達的重點是，你的生命敘事變得更長了，而建構生命敘事的各種時期和階段則因為更常出現變遷，所以變得更短暫。我們在本書各篇章已闡述關於長壽新人生的各種變化，而根據這些變化，我們也歸納出讀者必須採取的五個簡單行動：

- **超前部署**：我們正在經歷深刻影響所有人的變遷時刻。你已經獲得了前所未有的責任，必須親自面對，因此，你應該立刻採取行動。
- **以未來為方針**：無論你現在的年紀多大，你剩餘的人生都比過去的世代更長久。展望未來並且謹慎考量可以隨著時間發揮複利效應的投資，變得非常重要。
- **認識你的可能自我**：更長久的人生以及更多的改變，創造了範圍廣泛的可能自我。想要善用可能自我的最大益處，你必須探索各種可能性，用更長久的時間保持開放選項。

- **重視年齡的可塑性以及重複回歸特質**：你的年紀，以及你如何建構分配時間的方式，都已經變得更有可塑性。這個現象代表你的行為可以影響你的老化方式、你的未來選項，以及你的未來決策。
- **接受轉變**：無論你是自願或者被迫，生活的重大改變確實非常艱困。未來必定會有更頻繁的轉變，也會形成各種重要的時間點，共同編織屬於你的多階段人生敘事。

以上五點是個人的行動綱領，然而在你的一生中，創造繁榮生活能力的基礎則取決於你和社群成員之間的關係。我們無法在孤立狀態中成為社會先鋒，人際關係的強度和深度，將是提供團結和安全的關鍵。我們不能將人際關係視為理所當然，必須付出承諾，並願意進行彼此信任的開放對話。

然而我們需要採取的行動不只如此。在家庭和社群中，我們必須創造並投資跨世代關係，在更長久且更常改變的人生中，深入耕耘終生人際關係。因此，重點在於尋找加入社群的新方法。這個議題非常關鍵，唯有靠集體發聲，才能讓影響未來的各種機構傾聽我們的聲音。社會機構必須進行社會創新，而促成轉變也是關鍵要務：沒有我們集體發出聲音，社會機構就無法跟上民眾的期待。

我們都明白改變不容易，而科技創新和社會創新之間愈來愈大的鴻溝，也毋庸置疑地造成一些風險。但我們眼前也出現非比尋常的機會，我們將能擁有更長久的人生，也有了更多自由以及關於人生規畫的更多選項。面對新的選擇，確實可能引發不安。但是，倘若我們能夠從個人和社會的角度做出更睿智的選擇，就可享受更健康、更長久，而且更能實現目標的人生。隨著社會習俗開始崩解，也創造了新的空間，讓我們擁有絕佳契機去想像更多關於長壽新人生的可能性。

我們希望藉由撰寫此書，激發更多關於長壽新人生的對話。我們的網站 www.thenewlonglife.com 有更多關於本書的資訊以及額外的資源，協助各位進一步思考和規畫，也歡迎大家與我們分享自己的故事和觀察。我們將繼續研究、教學、寫作以及在顧問工作中探討相關議題。歡迎讀者從我們的個人網站中取得相關資訊：www.ProfAndrewJScoot.com 以及 www.lyndagratton.com，也歡迎追蹤我們的推特：@ProfAndrewScott 以及 @LyndaGratton。

我們在此祝福各位讀者，在進行各種社會先鋒的探索時都能順利，也期待各位讀者與我們分享進一步的好消息。

註釋

前言

1 https://www.bbc.co.uk/news/world-us-canada-42170100.

2 https://www.bloomberg.com/graphics/2017-job-risk/.

3 https://www.newyorker.com/magazine/2019/05/20/can-we-livelonger-but-stay-younger.

第一章

1 引用《銀河便車指南》作者道格拉斯・亞當斯：「科技是一個用於形容尚未成功事物的字詞。」https://www.azquotes.com/quote/343497.

2 特別是積體電路上的電晶體數量將會加倍成長。

3 https://www.statista.com/statistics/499431/global-ip-datatraffic-forecast/.

4 或許，我們也可以開玩笑地提出「葛瑞騰史考特」法則：隨著民眾對於某個主題的關心熱度增加，需要用來解釋科技成長的法則數量就會呈現指數增加。

5 R. Baldwin , *The Globotics Upheaval: globalization, robotics and the future of work* , London : Weidenfeld and Nicolson , 2019 .

6 'Jobs lost, jobs gained: workforce transitions in a time of automation'. McKinsey Global Institute, December 2017.

7 但是，追求完全自動化生產遇到難題之後，馬斯克也強調：「沒錯，特斯拉的過度自動化生產是一個失誤。更準確的說，是我個人的失誤。我低估了人類。」https://www.cnbc.com/2018/04/13/elonmusk- admits-humans-are-sometimes-superior-to-robots.html

8 正如馬斯克想像的可怕外星工廠，怪奇飯店也是人類傲慢行為的另外一個源頭。怪奇飯店最後在二〇一九年時倒閉，因為自動化機器人無法完成所有工作，反而造成經營者需要投入更多人力完成工作以及維護自動化機器人。

9 但是，自動化機器裝置當然無法「照顧」你的情緒。

10 類神經網絡是人工智慧學習資料的其中一種數學計算形式，藉由調整形式，模仿真實世界（創造原始資料的數學照片形式），增強人工智慧的觀察和決策能力。

11 D. Silver , J. Schrittwieser , K. Simonyan , I. Antonoglou , A. Huang , A. Guez , T. Hubert , L. Bakter , M. Lai , A. Bolton , Y. Chen , T. Lillicrap , F. Hui , L. Sifre , G. vanden Driessche , T. Graepel , D. Hassabis , 'Mastering the game of Go without human knowledge', *Nature* , 19 October 2017 , Vol. 550 , 354–9 .

12 請參考 https://www.npr.org/sections/money/2017/05/17/528807590/episode-606-spreadsheets?t=1533803451907.

13 這個想法最遠可追溯至十七世紀，笛卡兒反思這個議題時曾經寫道：「即使機器可以用宛如人類的方式從事某些事物甚至做得更好，機器依然有無法完成的其他事物，因此能夠揭露機器的行為並非來自於思考。」*Discourse on the Method* , 1637.

14 CAPTCHA 的意思是「全自動公開圖靈電腦與人類區分測試」（Completely Automated Public Turing test to tell Computers and Humans Apart），網站上的測試要求你在所有照片中區分何者有車或其他物體，就是用來區分人類和網路機器人。

15 M. Tegmark, *Life 3.0: Being Human in the Age of Artificial Intelligence*, London: Allen Lane, 2017, p. 42.

16 這是預期壽命的定期測量方法，實際上的假設方法則是在二〇一八年出生的女孩，她終生的生活都會符合二〇一八年的情況。舉例而言，也就是假設在未來的七十八年沒有任何預期壽命的改善。因此，這種方法容易低估平均預期壽命。

17 J. Oeppen, and J. Vaupel, 'Broken Limits to Life Expectancy', *Science*, May 2002, Vol. 296, 5570, 1029–31.

18 A. Case , and A. Deaton, 'Rising morbidity and mortality in midlife among white non-Hispanic Americans in the 21st century', *Proceedings of the National Academy of Sciences in the United States of America*, Vol. 112, 49, 15078–83.

19 N. Kassebaum, et al, 'Global, regional and national disability adjusted life years for 315 diseases and injuries and healthy life expectancy, 1990–2015: A systematic analysis for the Global Burden of Disease Study 2015', *The Lancet*, 2016; Vol. 388, 10053, 1603–58.

20 A. Kingston, A. Comas-Herrera, and C. Jagger, 'Forecasting the care needs of the older population in England over the next 20 years: estimates from the Population Aging and Care Simulation (PACSim) modelling study', *The Lancet Public Health*, 2018; Vol. 3, 9, e447–55.

21 這個觀點無法適用於世界各地現在出生的孩童，也揭露了一個國家之內，以及各個國家之間的不平等現象。出生地點的隨機性質是決定預期壽命的重要影響因素。

22 舉例而言，請參考 the Academy for Health and Lifespan Research:https://www.ahlresearch.org/vision.

23 David Sinclair, with Matthew D. LaPlante, *Lifespan: why we age and why we don't have to*, London: Thorson's, 2019; and A. Chalabi, and J. Mellon, Juvenescence: *Investing in the age of Longevity*, Douglas, Isle of Man: Fruitful Publications, 2017.

24 對於長壽科學有興趣的人，很快就會非常熟悉長度只有一釐米的秀麗隱桿線蟲，其基因結構和短暫的生命周期非常適合進行研究。

25 S. Harper, *How Population Change will Transform Our World*, Oxford : Oxford University Press, 2019.

26 所有的數據都來自 ‘United Nations World Population Prospects, 2017’, https://esa.un.org/unpd/wpp/DataQuery/.
27 https://fullfact.org/economy/poverty-uk-guide-facts-and-figures/.
28 D. McCarthy, J. Sefton, and M. Weale, ‘Generational Accounts for the United Kingdom’, National Institute of Economic and Social Research Discussion Paper 377, January 2011, http://www.niesr.ac.uk/sites/default/fi les/publications/150311_171852.pdf.

第二章

1 關於閾，更深層的理解請參考 A. van Gennep et al, *The Rites of Passage*, Chicago : University of Chicago Press,1960, 以及 V. Turner, ‘Betwixt and Between: The Liminal Period in Rites de Passage’, in *The Forest of Symbols*, Ithaca : Cornell University Press , 1967.
2 http://www.bradford-delong.com/2014/05/estimates-of-worldgdp-one-million-bc-present-1998-my-view-as-of-1998-the-honestbroker-for-the-week-of-may-24-2014.html
3 M. Huberman, and C. Minns, ‘The times they are not changin: days and hours of work in Old and New Worlds, 1870–2000’, *Explorations in Economics History*, Vol. 44 (200710), 538–67.
4 W. Scheidel, *The Great Leveler: violence and the history of inequality from the Stone Age to the twenty-first century*, Princeton : Princeton University Press, 2018 .
5 R. Chetty, M. Stepner, S. Abraham, S. Lin, B. Scuderi, N. Turner, A. Bergeron, D. Cutler, ‘The association between income and life expectancy in the US’, *Journal of American Medical Association*, 2016 , Vol. 315 (20160426), 1750–66.
6 H. Markus, and P. Nunus, ‘Possible Selves’, *American Psychologist*, 1986, Vol. 4 (9), 954–69.
7 J. Panksepp, *Affective Neuroscience: the foundations of human and animal emotions*, New York: Oxford

University Press, 1998.
8 D. Cable, *Alive at Work: the neuroscience of helping your people love what they do*, Boston: Harvard Business Review Press, 2018.
9 G. Vaillant, *Triumph of Experience*, Boston: Harvard University Press, 2012.
10 Garry Kasparov quoted in https://www.verdict.co.uk/garry-kasparovhumans-technology/'Garry Kasparov: We need better humans, not less technology', Verdict, Robert Scammell, 19 February 2019.

第11章

1 K. Thomas, 'Age and Authority in Early Modern England', London: British Academy, 1976.
2 P. Zweifel, S. Felder, and M. Meiers, 'Aging of population and health care expenditure: a red herring?', Health Economics, 1999, Vol. 8 (6) 485–96.
3 M. E. Levine, and E. M. Crimmins, 'Is 60 the new 50?: examining changes in biological age over the past two decades', *Demography*, 2018, 55, 2, 387–402.
4 J. B. Shoven, G. S. Goda, 'Adjusting government policies for age infl ation', National Bureau of Economic Research (NBER), Working Paper, 14231, 2008.
5 J. Beard, and D. Bloom, 'Towards a comprehensive public health response to population aging', *The Lancet*, 2015; 385, 658–61.
6 B. Levy, et al, 'Longevity increased by positive self-perceptions of aging', Journal of Personality and Social Psychology, 2002; Vol. 83, 2, 261–70.
7 https://www.aging-better.org.uk/sites/default/fi les/2018-11/ELSAanalysis.pdf.
8 P. Thane, 'Old Age in English History', Oxford: Oxford University Press, 2011.

9 https://www.youtube.com/watch?reload=9&v=lYdNjrUs4NM .
10 T. O'Donoghue, and M. Rabin, 'Doing it now or later', American Economic Review, Vol. 89, 1 March 1999, 103–24.
11 折現率是財務的基礎概念。如果現在的一百元和一年之後的一百一十元，對你來說沒有差別，你的折現率就是百分之十。舉例而言，如果你的一百一十元承受百分之十的折現率，你就會得到一百元，兩者之間是相等的。你的折現率愈低，代表你愈有耐心。如果現在的一百元和一年之後的一百元，對你來說沒有差別，代表你的折現率是零——換言之，你採用了鳥瞰視野。
12 C. Mogilner, H. E. Hershfield, J. Aaker, 'Rethinking time: implications for well-being', *Consumer Psychology Review*, 2018, Vol. 1, Issue 1, 41–53.
13 D. Blanchfl ower, and A. Oswald, 'Is well-being u-shaped over the life cycle?', *Social Science and Medicine*, 2008, Vol. 66 (8), 1733–49; 也請參考 J. Rauch, *The Happiness Curve*, New York : St Martin's Press, 2018.
14 J. Etkin, and C. Mogilner, 'Does variety among activities increase happiness?', *Journal of Consumer Research*, 2016, 43 (2), 210–29.
15 S. Mullainathan, and E. Shafir *Scarcity*, London: Penguin, 2014.
16 D. Kamerade, S. Wang, B. Burchell, S. Balderson, and A. Coutts, 'A shorter working week for everyone: how much paid work is needed for mental health and well-being?', *Social Science and Medicine*, 2019, in press 11253.
17 M. Aguiar, and E. Hurst, 'The increase in leisure inequality', NBER Working Paper, 13837, 2008.
18 H. E. Hershfield, C. Mogilner, and U. Barnea, 'People who choose time over money are happier', *Social Psychological and Personality Science*, 2016, Vol. 7 (7), 607–706.
19 https://www.nytimes.com/2016/09/11/opinion/sunday/whatshould-you-choose-time-or-money.html.
20 McKinsey Global Institute, 'Jobs lost, jobs gained: workforce transitions in a time of automation', December 2017.
21 https://www.nytimes.com/2013/06/14/opinion/krugmansympathy-for-the-luddites.html.

22 請參考 C. Frey, *The Technology Trap: capital, labor, and power in the age of automation*, Princeton: Princeton University Press, 2019, 這本書以歷史角度分析科技如何在人類歷史中影響社會和勞工。

23 https://www.bls.gov/news.release/archives/jolts_03152019.htm.

24 https://www.bloomberg.com/news/articles/2018-08-01/how-a-trucking-shortage-is-fueling-u-s-infl ation-quicktake.

25 McKinsey Digital. Chui, M.. Manyika, J. and Miremadi, M. 'Where machines could replace humans – and where they can't (yet)' July 2016.

26 http://www.pewresearch.org/wp-content/uploads/sites/9/2014/08/Future-of-AI-Robotics-and-Jobs.pdf.

27 https://economics.mit.edu/fi les/14641.

28 McKinsey Global Institute. Jobs lost, Jobs gained: Workforce transitions in a time of automation. December 2017.

29 J. E. Bessen, 'How computer automation affects occupations: technology, jobs and skills', Boston University School of Law, Law and Economics Research Paper, 2016, No. 15–4.

30 Bessen, 'How computer automation affects occupations'.

31 https://sloanreview.mit.edu/article/will-ai-create-as-manyjobs-as-it-eliminates/.

32 McKinsey Global Institute. Jobs lost, Jobs gained: Workforce transitions in a time of automation. December 2017.

33 L. Gratton, and A. Scott, *The 100-Year Life: living and working in an age of longevity*, London: Bloomsbury, 2016.

34 C. Wu, M. C. Odden, G. G. Fisher, and R. S. Stawski, 'Association of retirement age with mortality: a population based longitudinal study among older adults in the USA ', *Journal of Epidemiology and Community Health*, September 2016 , 70 (9), 917–23 .

35 https://www.manchester.ac.uk/discover/news/unretirement/.

36 更高的薪資收入不必然代表更多的休閒時間。工作其實有一種替代效應。更高的工資導致休閒成本更高，因此鼓勵人們工作更久。休閒時間取決於工作和替代效應之間的平衡關係。隨著時間，至目前為止，人們希望獲得更多休閒的想法占優勢，導致平均工作時間減少。
37 Huberman and Minns, 'The times they are not changin''.
38 https://www.bbc.co.uk/news/business–48125411.
39 https://www.bls.gov/news.release/conemp.nr0.htm.
40 McKinsey Global Institute, Independent Work: choices, necessity and the gig economy. Manyika, J. Lund, S. Bughin, J. Robinson, K. Mischke, J. and Mahajan, D. October 2016.
41 D. Weil, *The Fissured Workplace: why work became so bad for so many and what can be done to improve it*, Boston: Harvard University Press, 2019.
42 哲學家叔本華用更鮮明的方式描述：「財富就像海水，我們喝得愈多，就愈是飢渴。」
43 D. Kahneman, and A. Deaton, 'High income improves evaluation of life but not emotional well-being', *Proceedings of the National Academy of Sciences of the United States of America*, 21 September 2010, Vol. 107 (38), 16489–493.
44 這個研究也啟發了信用卡支付公司 Gravity Payments 的執行長丹．普萊斯（Dan Price）減少自己原本高達一百萬美元的薪資至七萬美元，並且確保所有員工的薪資都是七萬美元。我們目前為止無法從任何媒體報導得知此舉是否影響了普萊斯先生的生活幸福程度。

第四章

1 J. J. Arnett, 'Emerging adulthood: a theory of development from the late teens through the twenties', American Psychologist, 2000, Vol. 55 (5) 469–80.
2 E. Goffman, Relations in Public, London: Allen Lane, 1971 .
3 J. Hartshorne, and L. Germine, 'When does cognitive functioning peak? The asynchronous rise and fall of

different cognitive abilities across the lifespan', *Psychological Science*, April 2015, 26 (4), 433–43.
4 J. Hartshorne, and L. Germine, 'When does cognitive functioning peak? The asynchronous rise and fall of different cognitive abilities across the lifespan', *Psychological Science*, April 2015, 26 (4), 433–43.
5 Interview with Ignasi Monreal, *FT Weekend*, 3 March 2017.
6 J. Mogensen, 'Cognitive recovery and rehabilitation after brain injury: mechanisms, challenges and support', *Brain Injury: Functional Aspects, Rehabilitation and Prevention*, Croatia: InTech Open Access, 2 March 2012, pp. 121–50, intechopen.com.
7 E. Karle, and C. Pittman, *Rewire Your Anxious Brain: how to use the neuroscience of fear to end anxiety, panic, and worry*, Oakland, CA: New Harbinger Publications, Inc. , 2015
8 S. C. Davies, 'Chief medical officer's summary', in N. Metha, ed., *Annual report of the chief medical offi cer 2013, public mental health priorities: Investing in the evidence*, [online], London: Department of Health, pp. 11–9 ; and J. Foster, ' Mental health problems are very common in the workplace – so why don't we talk about it more?,' *Computershare Salary Extras*, 25 November 2015 .
9 World Health Organization, *Global burden of mental disorders and the need for a comprehensive, coordinated response from health and social sectors at the country level* , 1 December 2011.
10 E. L. Deci, and R. M. Ryan, 'The "what" and "why" of goal pursuits: human needs and the self-determination of behaviour', *Psychological Inquiry*, 2000, 11: 319–38.
11 Towards Maturity Report, *Preparing for the Future of Learning*. April 2016.
12 G. Petriglieri, S. Ashford, and A. Wrzesniewski, 'Thriving in the Gig Economy', Harvard Business Review, March–April 2018.
13 R. Florida, The Rise of the Creative Class, New York: Basic Books , 2011 .
14 H. Ibarra, *Working Identity: Unconventional Strategies for Reinventing Your Career*, Boston: Harvard Business School Press, 2003 .

15 J. E. Marcia, 'Development and validation of ego identity status', *Journal of Personality and Social Psychology*, May 1966, 3 (5), 551–8.
16 E. Wenger, and W. M. Snyder,'Communities of Practice: the organizational frontier', *Harvard Business Review*, January–February 2000.
17 舉例而言，請參考 Rauch 在 *The Happiness Curve* 中的摘要說明。
18 D. Neumark, I. Burn, and P. Button, 'Is it harder for older workers to find jobs? New and improved evidence from a field experiment', NBER Working Paper, 21669, 2016.
19 'How secure is employment at old ages', Urban Institute, December 2018: https://www.urban.org/research/publication/how-secureemployment-older-ages.
20 https://blog.aarp.org/2018/01/05/unemployment-rate-forthose-ages-55-increases-in-december.
21 P. Azowlay, B. Jones, J. Daniel Kim and J. Miranda, 'Age and highgrowth entrepreneurship', NBER Working Paper No. 24489, April 2018.
22 M. Nussbaum, and S. Levmore, *Aging Thoughtfully: conversations about retirement, romance, wrinkles and regrets*, Oxford: Oxford University Press, 2017.
23 Nussbaum and Levmore, *Aging Thoughtfully*.
24 D. Kahneman, B. L. Fredrickson, C. A. Schreiber and D. A. Redelmeier, 'When more pain is preferred to less: adding a better end', *Psychological Science*, November 1993, Vol. 4 (6), 401–5.
25 阿圖・葛文德精彩的人本關懷作品也有相同的情感，請參考 *Being Mortal: medicine and what matters in the end*, New York: Picador, Henty Holt and Company, 2017.
26 L. Carstensen, 'Social and emotional patterns in adulthood: support for socioemotional selectivity theory', *Psychology and Aging*, September 1992, Vol. 7 (3), 331–8.

第五章

1 P. Seabright, *The Company of Strangers: a natural history of economic life*, Princeton: Princeton University Press, 2004.

2 https://www.census.gov/data/tables/time-series/demo/families/marital.html.

3 https://www.japantimes.co.jp/news/2017/04/05/national/1-4-japanese-men-still-unmarried-age-50-report/.

4 B. DePaulo, *Singled Out: how singles are stereotyped, stigmatized, and ignored, and still live happily ever after*, New York: St Martin's Griffin, 2006.

5 Lundberg and Pollak, 'The American family and family economics', *Journal of Economic Perspectives*, Vol. 21 (2), 3–26.

6 https://www.nytimes.com/2006/11/02/fashion/02parents.html.

7 https://www.msn.com/en-us/lifestyle/lifestyle-buzz/seven-bestfriends-in-china-bought-and-renovated-a-mansion-where-theyintend-to-grow-old-together/ar-AADUaIh?li= BBnb7Kz.

8 圖 5-1 的來源：https://www.brookings.edu/research/lessonsfrom-the-rise-of-womens-labor-force-participation-in-japan.

9 A. Wolf, *The XX Factor: how working women are creating a new society*, London: Profile Books, 2013.

10 在工作年齡的男性中，百分之十五並未就業；其中百分之五是無業狀態，另外百分之十則是離開勞動市場。

11 引用自 'Why are so many American men not working?', Alison Burke, https://www.brookings.edu/blog/brookings-now/2017/03/06/why-are-so-many-american-men-not-working/, March 6, 2017

12 K. Gerson, *Hard Choices: how women decide about work, career and motherhood*, California: University of California Press, 1986.

13 A. Giddens, *Modernity and Self-Identity: self and society in the Late Modern Age*, Stanford: Stanford University Press, 1991.

14 J. Stacey, *Brave New Families*, New York : Basic Books, 1990.
15 Stacey, *Brave New Families*.
16 http://www.pewresearch.org/fact-tank/2018/06/13/fathers-day-facts/ft_16-0614_fathersday_stayathomerising.
17 https://www.oecd.org/dev/development-gender/Unpaid_care_work.pdf.
18 R. Ely, P. Stone, and C. Ammerman, 'Rethink what you "know" about high-achieving women', *Harvard Business Review*, December 2014, 92 (12), 100–09.
19 J. Petriglieri, and O. Obodaru, 'Secure base relationships as drivers of professional identity co-construction in dual career couples', INSEAD Working Paper Series, 2016/04/OBH; and also J. Petriglieri , *Couples that Work: how to thrive in love and work*, Boston : Harvard Business School Press, 2019.
20 M. Strober, *Sharing the Work: what my family and career taught me about breaking through (and holding the door open for others)*, Boston : MIT Press, 2017, p. 203
21 N. Ferguson, and E. Freymann, 'The coming generation war', *The Atlantic*, 2019, https://www.theatlantic.com/ideas/archive/2019/05/coming-generation-war/588670.
22 'The French Revolution as it appeared to enthusiasts at its commencement'. William Wordsworth, *The Major Works* (ed) Stephen Gill, Oxford World's Classics, Oxford, July 2008
23 https://www.resolutionfoundation.org/publications/home-affront-housing-across-the-generations.
24 https://www.ft.com/content/b1369286-60f4-11e9-a27afdd51850994c.
25 Ipsos Global Trends Survey 2017. https://www.ipsosglobaltrends.com/megatrends-long-term-trends-shaping-the-world-in-2017-and-beyond/
26 https://www.gsb.stanford.edu/faculty-research/publications/beyond-gdp-welfare-across-countries-time.
27 https://voxeu.org/article/how-represent-interests-future-generationsnow.
28 N. Howe, and W. Strauss, *Generations*, New York: William Morrow/Quill, 1998.
29 K. Mannheim, 'The problem of generations', *Essays on the Sociology of Knowledge*, London: Routledge and

Kegan Paul, 1928/1952, pp. 276–320.

30 D. Costanza, J. Badger, R. Fraser, J. Severt, and P. Gade, 'Generational differences in work-related attitudes: a meta-analysis', *Journal of Business and Psychology*, 2012, Vol. 27, 375–94.

31 L. Gratton, and A. Scott, 'Our assumptions about old and young workers are wrong', *Harvard Business Review*, November 2016: https://hbr.org/2016/11/our-assumptions-about-old-andyoung-workers-are-wrong.

32 https://www.pewresearch.org/fact-tank/2018/05/02/millennialsstand-out-for-their-technology-use-but-older-generations-alsoembrace-digital-life.

33 R. Luhmann, and L. C. Hawkley, 'Age differences in loneliness from late adolescence to oldest old age', *Developmental Psychology*, 2016, 52 (6), 943–59.

34 引用自 Brendtro (2006) 'The vision of Urie Bronfenbreenner: Adults who are crazy about kids, Reclaiming Children and Youth: The Journal of Strength-based interventions'.

35 Marc Freedman 'Let's make the most of the intergenerational opportunity', Next Avenue, July 5, 2016, https://www.nextavenue.org/lets-make-intergenerational-opportunity/

36 https://www.marketwatch.com/story/people-spend-more-timewith-facebook-friends-than-with-actual-friends-2016-04-27.

37 https://web.stanford.edu/~mrosenfe/Rosenfeld_et_al_Disintermediating_Friends.pdf .

38 '14th Annual Demographia International Housing Affordability Survey: 2018', http://demographia.com/dhi.pdf.

39 T. Tammaru, M. van Ham, S. Marcinczak, and S. Musterd (eds), '*Socio-Economic Segregation in European Capital Cities*', IZA Discussion Paper 9603, December 2015.

40 關於共同空間的更多資訊，請參考 https://www.ageofnoretirement.org/thecommonroom.

41 Marc Freedman 'How to Live Forever: The Enduring Power of Connecting the Generations' Public Affairs, November 20, 2018.

42 J. Wilson, 'Volunteering', *Annual Review of Sociology*, Vol. 26, 2000, 215–40.

43 A. Steptoe, A. Shankar, P. Demakakos, and J. Wardle, 'Social isolation, loneliness, and all-cause mortality in older men and women', *Proceedings of the National Academy of Sciences*, 2013, 110, 5797–801.
44 P. Boyle, A. Buchman, L. Barnes, and D. Bennett, 'Effect of a purpose in life on risk of incident Alzheimer disease and mild cognitive impairment in community-dwelling older persons', *Archives of General Psychiatry*, 2010, 67, 304–10.
45 P. Boyle, L. Barnes, A. Buchman, D. Bennett, 'Purpose in life is associated with mortality among community-dwelling older persons', *Psychosomatic Medicine*, 2009, 71 (5), 574–9.
46 *A Habit of Service*. 2017 Jubilee Centre for Character and Virtues: University of Birmingham. https://www.jubileecentre.ac.uk/1581/projects/current-projects/a-habit-of-service.
47 M. J. Sandel, *What Money Can't Buy, the moral limits of markets*, New York: Farrar, Straus and Giroux, 2012, p. 103.
48 John Rawls, *A Theory of Justice*, Harvard: Harvard University Press, 1971.
49 OECD (2017) 'Preventing Ageing Unequally', OECD Publishing, Paris, 2017.

第六章

1 J. Gotbaum, and B. Wolfe, 2018, 'Help people work longer by phasing retirement', https:www.brookings.edu/opinions/help-people-worklonger-by-phasing-retirement .
2 '18th Annual Transamerica Retirement Survey', https://www.transamericacenter.org/retirement-research/18th-annualretirement-survey.
3 J. Ameriks, J. Briggs, A. Caplin, M. Lee, M. D. Shapiro, and C. Tonetti, 'Older Americans would work longer if jobs were flexible', *American Economic Journal: Macroeconomics*, forthcoming .

4 H. Kleven, C. Landais, J. Posch, A. Steinhauer, and J. Zweimüller, 'Child Penalties Across Countries: Evidence and Explanations', May 2019, AEA Papers and Proceedings, 109, 122–26.

5 C. Goldin, 'A Grand Gender Convergence: its last chapter', *American Economic Review*, 2014, Vol. 104 (4), 1091–119.

6 M. Bertrand, 'The Glass Ceiling', *Economica*, 2018, Vol. 85 (338), 205–31.

7 M. C. Huerta, W. Adema, J. Baxter, H. Wen-Jui, M. Lausten, L. RaeHyuck, and J. Waldfogel, 'Fathers' leave and fathers' involvement: evidence from four OECD countries', *European Journal of Social Security*, 2014, Vol. 16 (4), 308 –46.

8 https://www.personneltoday.com/hr/enhancing-familyfriendly-pay-pros-cons.

9 Business in the Community 'Supporting Carers at Work': https://age.bitc.org.uk/sites/default/fi les/supporting_carers_at_work.pdf.

10 https://www.ft.com/content/6b625a64-9697-11e9-8cfb-30c211dcd229.

11 https://www.oecd.org/dev/development-gender/Unpaid_care_work.pdf.

12 M. Knaus and S. Otterbach, 'Work hour mismatch and job mobility: adjustment channels and resolution rates'. Economic Inquiry 57: 227–242.

13 M. Bertrand, 'The Glass Ceiling'.

14 C. Goldin, and L. F. Katz, 'The most egalitarian of professions: pharmacy and the evolution of a family-friendly occupation', *Journal of Labor Economics*, 2016; 34 (3): 705–45.

15 L. Gratton, *The Shift: the future of work is already here*, London: HarperCollins, 2011.

16 McKinsey & Company. 'Coordinating workforce development across stakeholders: An interview with ManpowerGroup CEO Jonas Prising'. Cheng, W.L, Dohrmann,T. and Law, J. October 2018.

17 Bersin by Deloitte: UK learning and development organizations spend less on external training providers, even as budgets rebound. Jan 28th 2016. UK Corporate Learning Factbook 2016: Benchmarks, Trends, and Anaysis of the

UK Training Market. Bercon.com
18 https://www.ft.com/content/4fcd2360-8e91-11e8-bb8fa6a2f7bca546.
19 與本書作者群的對話。
20 F. Gino, 'The Business Case for Curiosity', *Harvard Business Review*, Sept-Oct, 2018.
21 C. Conley, *Wisdom at Work: the making of a modern elder*, London, Portfolio Penguin, 2018.
22 T. S. Church, D. M. Thomas, C. Tudor-Locke, P. T. Katzmarzyk, C. P. Earnest, R. Q. Rodarte, C. K. Martin, S. N. Blair, and C. Bouchard, 'Trends over 5 decades in US occupation-related physical activities and their associations with obesity', *PlosOne*, 2011, Vol. 6 (5), e196571.
23 A. Borsch-Supan, and M. Weiss, 'Productivity and age: evidence from work teams at the assembly line', *Journal of the Economics of Aging*, 2016, Vol. 7, C, 30–42.
24 A. Duckworth, C. Peterson, M. Matthews, and D. Kelly, 'Grit: perseverance and passion for long-term goals', *Journal of Personality and Social Psychology*, 2007, Vol. 92 (6), 1087–101.
25 https://www.aarp.org/work/job-search/info-2019/mcdonaldspartners-with-aarp.html.
26 J. Birkinshaw, J. Manktelow, V. D'Amato, E. Tosca, and F. Macchi, 'Older and Wise?: how management style varies with age', *MIT Sloan Management Review*, 2019, Vol. 60, 1532–9194.
27 https://www.pwc.com/gx/en/people-organisation/pdf/pwcpreparing-for-tomorrows-workforce-today.pdf.
28 請參考美林證券銀行報告：'The Silver Dollar – longevity revolution primer': http://www.longfinance.net/programmes/london-accord/la-reports.html?view=report&id=452

第七章

1 C. Goldin, and L. Katz, *The Race Between Education and Technology*, Harvard: Harvard University Press, 2010.

2 E. Hoffer, 'Reflections on the Human Condition', Hopewell Publications, 2006.

3 https://www.statista.com/statistics/499431/global-ip-data-traffi cforecast/.

4 'Satya Nadella Talks Microsoft at Middle Age' interview with Dina Bass https://www.bloomberg.com/features/2016-satya-nadellainterview-issue/August 4, 2016.

5 Angela Ahrendts Quotes. (n.d.). BrainyQuote.com. Retrieved August 13, 2019, from BrainyQuote.com Website: https://www.brainyquote.com/quotes/angela_ahrendts_852654

6 J. Shadbolt, 'Shadbolt Review of Computer Sciences Degree Accreditation and Graduate Employability', https://assets.publishing.service.gov.uk/government/uploads/system/uploads/attachment_data/file/518575/ind-16-5-shadbolt-review-computer-sciencegraduate-employability.pdf.

7 C. Davidson, *The New Education: how to revolutionize the university to prepare students for a world in flux*, New York: Basic Books, 2017.

8 K. Palmer, and D. Blake, *The Expertise Economy: how the smartest companies use learning to engage, compete and succeed*, Nicholas Brealey Publishing, Boston and London, 2018 p. 147.

9 https://pe.gatech.edu/blog/creating-the-next-report.

10 https://dci.stanford.edu

11 P. Beaudry, D. Green, and B. Sand, 'The great reversal in the demand for skill and cognitive tasks', *Journal of Labor Economics*, 2016, Vol. 34 S1(2), S199–247.

12 http://www.cipd.co.uk/publicpolicy/policy-reports/overqualifi cation-skills-mismatch-graduate-labour-market.aspx.

13 Institute for Fiscal Studies, https://www.ifs.org.uk/uploads/publications/bns/BN217.pdf#page=3.

14 A. Scott, 'Education, Age and the Machine', in C. Dede, and J. Richards (eds), *The 60 Year Curriculum: new*

models for lifelong learning in the digital economy, forthcoming Routledge, 2020.
15 K. Palmer and D. Blake, *The Expertise Economy: How the smartest companies use learning to engage, compete and succeed*, Nicholas Brealey Publishing, Boston and London, 2018 p. 147.
16 D. Deming, 'The growing importance of social skills in the labour market', *Quarterly Journal of Economics* 2017, Vol. 132, 4, 1593–640.
17 L. Gratton, 'The challenges of scaling soft skills', *MIT Sloan Management Review*, 6 August 2018.
18 L. Gratton, 'New frontiers in re-skilling and up-skilling', *MIT Sloan Management Review*, 8 July 2019.
19 https://www.gov.uk/government/publications/adult-participationin-learning-survey-2017.
20 這個法則的名字來自谷歌首席經濟學家霍爾・瓦利安（Hal Varian），請參考 https://en.wikipedia.org/wiki/Varian_Rule.
21 在英國，所謂的 MOT（原本是英國交通部的縮寫）測試是指車齡超過三年的汽車每年都要接受的檢驗，內容是用聲音判斷車況，汽車是否能夠上路，並且修復受損的零件。沒有經過 MOT 測驗的汽車不能合法上路。
22 McKinsey Global Institute Report, 2017, 'Jobs lost, jobs gained', https://www.mckinsey.com/featured-insights/future-of-work/jobslost-jobs-gained-what-the-future-of-work-will-mean-for-jobsskills-and-wages.
23 引用自 C. Davidson, *The New Education: how to revolutionize the university to prepare students for a world in flux*, New York: Basic Books, 2017, p. 127.
24 'Harvard's dean of continuing education pushes educational frontier', Nancy Duvergne Smith, MIT Technology Review, 21 October, 2014, https://www.technologyreview.com/s/531381/huntington-lambert-sm-85/

第八章

1 L. Nedelkoska and G. Quintini (2018), ‘Automation, skills use and training’, OECD Social, Employment and Migration Working Papers No. 202, OECD Publishing, Paris.

2 OECD, ‘Basic Income as a Policy Option’, May 2017, OECD Social, Employment and Migration Working Papers No. 202, OECD Publishing, Paris.

3 OECD, ‘Basic Income as a Policy Option’.

4 https://www.weforum.org/agenda/2019/04/where-do-goodjobs-come-from/.

5 O. Mitchell, J. Poterba, M. Warshawsky, and J. Brown, ‘New Evidence on the Money’s Worth of Individual’, *Annuities American Economic Review*, 1999, 89 (5), 1299–318.

6 N. Kassebaum, et al, ‘Global, regional and national disability adjusted life years for 315 diseases and injuries and healthy life expectancy, 1990–2015: a systematic analysis for the Global Burden of Disease Study’, 2015, *The Lancet,* 2016; 388, 10053, P1603–658.

7 James Fries of Stanford University, http://aramis.stanford.edu/downloads/1980FriesNEJM130.pdf.

8 S. Jay Olshansky, ’From lifespan to healthspan’, *Journal of American Medical Association*, October2018, 320 (13): 1323–1324.

9 https://voxeu.org/article/does-aging-really-affect-healthexpenditures-if-so-why.

10 https://www.kvpr.org/post/delaying-aging-may-have-biggerpayoff-fighting-disease.

11 Speaking at The Longevity Forum, November 2018, London.

12 ‘Towards more physical activity: transforming public spaces to promote physical activity – a key contributor to achieving the Sustainable Development Goals in Europe’, World Health Organisation, 2017.

13 J. Beard, and D. Bloom, ‘Towards a comprehensive public health response to population aging ’, *The Lancet*, 2015, Vol. 385 (9968), 658–61.

14 R. Barrell, S. Kirby, and A. Orazgani, ‘The macroeconomic impact from extending working lives’, Department for

Work and Pensions Working Paper, 95, 2011.

15 請參考 D. Coyle , *GDP: a brief but affectionate history*, Princeton: Princeton University Press, 2014，非常容易閱讀的歷史和評估作品。

16 https://www. nzherald.co.nz/business/news/article.cfm?c_id=3&objectid=11993716.

國家圖書館出版品預行編目 (CIP) 資料

長壽新人生：在人工智慧與高齡化的未來，工作與生活的嶄新指南 / 林達．葛瑞騰 (Lynda Gratton), 安德魯．史考特 (Andrew J. Scott) 作；林曉欽譯．-- 初版．-- 臺北市：今周刊出版社股份有限公司，2021.10
面；公分．-- (FUTURE 系列；10)
譯自：The new long life : a framework for flourishing in a changing world
ISBN 978-626-7014-06-6 (平裝)
1. 未來社會 2. 高齡化社會 3. 趨勢研究 4. 生活指導
541.49　110011203

FUTURE系列 010

長壽新人生

在人工智慧與高齡化的未來，工作與生活的嶄新指南

The new long life : a framework for flourishing in a changing world

作　　者　林達・葛瑞騰（Lynda Gratton）、安德魯・史考特（Andrew J. Scott）
譯　　者　林曉欽
資深主編　許訓彰
副總編輯　鍾宜君
校　　對　蔡緯蓉、許訓彰
行銷經理　胡弘一
封面設計　白日設計
內文排版　簡單瑛設

出 版 者　今周刊出版社股份有限公司
發 行 人　梁永煌
社　　長　謝春滿
副總經理　吳幸芳
副 總 監　陳姵蒨

地　　址　台北市南京東路一段96號8樓
電　　話　886-2-2581-6196
傳　　真　886-2-2531-6438
讀者專線　886-2-2581-6196轉1
劃撥帳號　19865054
戶　　名　今周刊出版社股份有限公司
網　　址　http://www.businesstoday.com.tw

總 經 銷　大和書報股份有限公司
製版印刷　緯峰印刷股份有限公司

初版一刷　2021年10月
定　　價　420 元

Future

Future